# Η ΤΡΕΛΑ ΤΟΥ ΝΑΖΙΣΜΟΥ

Από την ολοκληρωτική ιδεολογία στην τελική επίλυση της Shoah

# Η ΤΡΕΛΑ ΤΟΥ ΝΑΖΙΣΜΟΥ

Από την ολοκληρωτική ιδεολογία στην τελική επίλυση της Shoah

γραμμένο από Justine Dutertre
μεταφρασμένο από Lina Sideris

# Η ΤΡΕΛΑ ΤΟΥ ΝΑΖΙΣΜΟΥ

- **Ίδρυση του πολιτικού κόμματος?** Στις 8 Αυγούστου 1920 με την επίσημη ονομασία *Nazionalsozialistische Deutsche Arbeiter Partei* (NSDAP), στο Μόναχο της Γερμανίας. Υπήρχε με το όνομα *Deutsche Arbeiter Partei* (DAP) από τον Ιανουάριο του 1919.

- **Εμβληματικές προσωπικότητες?**

  - Anton Drexler (1884-1942): Ιδρυτής του "εμβρυακού" ναζιστικού κόμματος, του DAP (Γερμανικό Εργατικό Κόμμα), και πρώτος πρόεδρος του NSDAP.

  - Αδόλφος Χίτλερ (1889-1945): ηγέτης του ναζιστικού κόμματος από το 1921, ηγέτης της Γερμανίας από τον Ιανουάριο του 1933 με τους τίτλους του καγκελάριου και στη συνέχεια του Φύρερ.

  - Χάινριχ Χίμλερ (1900-1945): Υπουργός Εσωτερικών του Τρίτου Ράιχ, ήταν επίσης επικεφαλής των SS, της προσωπικής φρουράς του Χίτλερ. Εφάρμοσε την "Τελική Λύση" ή την εξόντωση των Εβραίων της Ευρώπης.

  - Joseph Goebbels (1897-1945): Υπουργός Λαϊκής Παιδείας και Προπαγάνδας, ήταν ένας από τους ισχυρότερους αξιωματούχους του ναζιστικού καθεστώτος.

  - Adolf Eichmann (1906-1962): αξιωματικός των SS και ανώτερος αξιωματούχος του Τρίτου Ράιχ, ήταν ένας από τους κύριους συντελεστές της υλικοτεχνικής υποστήριξης της "Τελικής Λύσης".

o Klaus Barbie (1913-1991): αξιωματικός των SS, μέλος της Γκεστάπο και υπεύθυνος για την απέλαση πολλών ανθρώπων από την αρχή του πολέμου. Το 1942 προήχθη σε επικεφαλής της Γκεστάπο στη Λυών, μια θέση που του χάρισε το παρατσούκλι "ο Χασάπης της Λυών".

- **Βασικές έννοιες;**

  o Ολοκληρωτικό καθεστώς: το NSDAP είναι το μόνο πολιτικό κόμμα που επιτρέπεται στη ναζιστική Γερμανία.

  o Ρατσιστική, αντισημιτική, υπερεθνικιστική ιδεολογία της ακροδεξιάς, που οδήγησε στην υλοποίηση της μεγαλύτερης γενοκτονίας του 20ου αιώνα.

  o Υποστήριξη των μελών από την πρώιμη παιδική ηλικία, μέσω κινημάτων όπως η Χιτλερική Νεολαία και οι στρατιωτικές και παραστρατιωτικές οργανώσεις.

Ένα αμφισβητούμενο πολιτικό κίνημα, αν υπήρξε ποτέ, ο ναζισμός θυμίζει για πάντα τη δολοφονική τρέλα και το καταστροφικό τερατούργημα μιας βαθιά ρατσιστικής και αντισημιτικής ιδεολογίας. Από αυτό το γερμανικό πολιτικό κίνημα, η ιστορία θυμάται κυρίως τον πρωταγωνιστή του, τον Αδόλφο Χίτλερ, και το μοναδικό του κόμμα, το όργανο με το οποίο εφάρμοσε τα υπερεθνικιστικά του ιδεώδη: το NSDAP, ή "Εθνικοσοσιαλιστικό Κόμμα Γερμανών Εργατών".

Από το 1918 και μετά, στην Ευρώπη του Μεσοπολέμου, οι χαρισματικοί ηγέτες σαγήνευαν τα αποδυναμωμένα πλήθη. Τα πολιτικά κινήματα φλέρταραν με τα άκρα: φασισμός στην Ιταλία του Μουσολίνι, ριζοσπαστικός κομμουνισμός στη λενινιστική και στη συνέχεια στη σταλινική Ρωσία... Σε μια Γερμανία πληγωμένη από την ήττα του 1918, ταπεινωμένη μέχρι το μεδούλι από τη Συνθήκη των Βερσαλλιών, το ρήγμα ήταν ανοιχτό για να εισβάλουν οι πιο επαναστατικές και ταραχώδεις ιδέες. Οι Γερμανοί είχαν ανάγκη από ελπίδα, κοινωνική αλλαγή και οικονομική σταθερότητα, και το Γερμανικό Εργατικό Κόμμα (DAP, που σύντομα θα ονομαζόταν "εθνικοσοσιαλιστικό") υποσχέθηκε να τους τα φέρει. Νέες και φρέσκες, ένα ταπεινωτικό παρελθόν πεταμένο στα σκουπίδια, αυτές ήταν οι υποσχέσεις που δόθηκαν στον γερμανικό λαό.

Το εθνικοσοσιαλιστικό δόγμα, υποστηριζόμενο από αδιαμφισβήτητα κείμενα, αντλούσε τις πηγές του από το καταστροφικό και εκδικητικό πνεύμα των ηγετών του, στην υπηρεσία της επιθυμίας για μια "καθαρή" φυλή, ένα ομοιόμορφο έθνος και μια πολιτική που έπαιρνε τη θέση της θρησκείας.

Ο ναζισμός, η τρέλα των ανθρώπων που έφτασαν στα όριά τους, η επιθυμία για μεγαλείο και πλήρη εξουσία, θα αφήσει τελικά μόνο τη φρίκη της πιο τρομερής γενοκτονίας του ΕΙΚΟΣΤΟΥ αιώνα.

# Η ΙΔΕΟΛΟΓΙΑ ΤΟΥ ΝΑΖΙΣΜΟΥ

## ΕΝΑ ΟΛΟΚΛΗΡΩΤΙΚΟ ΙΔΕΩΔΕΣ

Ο πρωταρχικός στόχος του ναζισμού, και αυτό είναι που τον κάνει τόσο ξεχωριστό, είναι πάνω απ' όλα να γίνει ένα ολοκληρωτικό καθεστώς, δηλαδή ένα καθεστώς ικανό να ελέγχει απόλυτα τον γερμανικό λαό τόσο στις πράξεις όσο και στις σκέψεις του. Οι μάζες πρέπει να συμμορφωθούν επιτακτικά με τις αρχές που επιθυμεί το καθεστώς:

- απεριόριστη αφοσίωση στο ενιαίο κόμμα,

- την εκκαθάριση του πληθυσμού από όλες τις κατηγορίες ανθρώπων που θεωρούνται ακάθαρτοι (Τσιγγάνοι, Εβραίοι, Σλάβοι, Μαύροι, άτομα με νοητική και σωματική αναπηρία, ομοφυλόφιλοι, πολιτικοί αντίπαλοι),

- έντονη αντίθεση με τον χριστιανισμό, με το κόμμα να καθιερώνεται ως η νέα "κρατική θρησκεία".

Ένα ολοκληρωτικό ιδεώδες που ορίζεται, εν ολίγοις, από την επιθυμία να δημιουργηθεί ένας τέλειος λαός, ανώτερος από όλους τους άλλους, προορισμένος να αντέξει στο μέλλον χάρη στις ανώτερες ικανότητές του. Τέλος, η πολύ ισχυρή ιδέα ενός γερμανικού "ζωτικού χώρου" (*Liebensbraum*), *που* ευνοούσε την εδαφική επέκταση, επρόκειτο να οδηγήσει στον αποικισμό των χωρών της Ανατολικής Ευρώπης.

# Η ΕΠΙΘΥΜΙΑ ΝΑ ΔΗΜΙΟΥΡΓΗΘΕΙ ΜΙΑ "ΚΑΘΑΡΗ ΦΥΛΗ

Η ίδια η αρχή του ναζιστικού καθεστώτος, όπως την εννοούσαν οι ηγέτες του, ιδίως ο Αδόλφος Χίτλερ, βασίζεται στην ιδέα ενός "καθαρού" γερμανικού έθνους, δηλαδή ενός έθνους απαλλαγμένου από κάθε άτομο που θεωρείται ακατάλληλο να συμβάλει στην ανάπτυξη της πατρίδας. Ο μελλοντικός δικτάτορας εξέφρασε πολύ νωρίς τα φυλετικά του ιδεώδη σε ένα εποικοδομητικό βιβλίο, το *Mein Kampf* ("Ο αγώνας μου"), που γράφτηκε το 1924, ενώ βρισκόταν στη φυλακή μετά την αποτυχημένη προσπάθειά του να καταλάβει την εξουσία με το πραξικόπημα του Μονάχου (8 Νοεμβρίου 1923). Σε αυτό, ο Χίτλερ παρουσίασε την αντίληψή του για την τέλεια φυλή, την Άρια φυλή, ανώτερη από άποψη διανοητικής ικανότητας και φυσικής εμφάνισης, αφιερωμένη ψυχή και σώμα στο Έθνος. Δανείστηκε από τις ψευδο-ιατρικές θεωρίες που ήταν στη μόδα από τα τέλη του 19ΟΥ ΑΙΩΝΑ μια ταξινόμηση των ανθρώπινων φυλών, η οποία αναγνώριζε μια ιεραρχία μεταξύ των "καλών φυλών" και των άλλων, εκείνων που προορίζονταν να μορφωθούν (οι Λατίνοι), να οδηγηθούν στη δουλεία (ιδίως οι μαύροι) ή απλώς να εξοντωθούν (οι Εβραίοι και οι Τσιγγάνοι). Ο Χίτλερ ήταν κατηγορηματικός: ο τυπικός Άριος πρέπει να έχει λευκό δέρμα, ωραία χαρακτηριστικά προσώπου (σκανδιναβική φυσιογνωμία), αθλητική σωματική διάπλαση και να μην υποβαθμίζεται από οποιαδήποτε σωματική ή πνευματική αναπηρία. Η εμφάνισή του θα πρέπει να δίνει την εντύπωση της δύναμης και της υγείας, του *Mannesideal* (ιδανικό ανδρισμού).

Από το 1933 και την έλευση του Τρίτου Ράιχ, αυτή η κατεξοχήν ρατσιστική πτυχή της ναζιστικής ιδεολογίας ενσταλάχθηκε συστηματικά στα γερμανικά παιδιά. Στα σχολεία χρησιμοποιήθηκαν χονδροειδείς καρικατούρες για να διακρίνουν τους "καλούς Άριους" από την υποτιθέμενη μη ελκυστική σωματική διάπλαση των μαύρων, των Εβραίων και των Βορειοαφρικανών. Με τη βοήθεια διαγραμμάτων μορφολογικών μετρήσεων, οι μαθητές μετρούσαν το μήκος της μύτης τους ή την απόσταση μεταξύ των ματιών των συμμαθητών τους: ένα "επιστημονικό" επιχείρημα για την επιβεβαίωση της θεωρίας.

Η πίστη σε μια ανώτερη γερμανική φυλή και η επιτακτική ανάγκη διατήρησής της από την ανάμειξη και τον εκφυλισμό, στήριξαν την αξίωση του ναζιστικού καθεστώτος να εξαλείψει ολόκληρες κατηγορίες του πληθυσμού.

## ◉ ΤΑ *LEBENSBORN*, ΦΥΤΩΡΙΑ ΤΟΥ ΚΑΘΕΣΤΩΤΟΣ

Μεταξύ 1935 και 1945, στο πλαίσιο της πολιτικής της ευγονικής, το καθεστώς δημιούργησε χώρους αναπαραγωγής με σκοπό την "παραγωγή" παιδιών καθαρής άριας φυλής. Συχνά προέρχονταν από τη συναινετική ένωση Γερμανών στρατιωτών των SS με Γερμανίδες που θεωρούνταν φυλετικά αγνές, τα νεογέννητα ανατράφηκαν από νοσοκόμες πριν τοποθετηθούν σε προσεκτικά επιλεγμένες οικογένειες.

Υπολογίζεται ότι μεταξύ 9.000 και 12.000 παιδιά γεννήθηκαν στα 30 περίπου *Lebensborns* στη Γερμανία, τη Γαλλία, τη Νορβηγία, την Πολωνία, την Αυστρία, το Βέλγιο και τις Κάτω Χώρες.

# ΑΝΤΙΣΗΜΙΤΙΣΜΟΣ

Ο Εβραίος είναι ο κατ' εξοχήν αποδιοπομπαίος τράγος του ναζισμού. Το μίσος του Αδόλφου Χίτλερ για την εβραϊκή κοινότητα χρονολογείται από τον Πρώτο Παγκόσμιο Πόλεμο: θεωρούσε τους Εβραίους στρατιωτικούς προϊσταμένους του υπεύθυνους για την ήττα. Η εμμονή του με τους Ισραηλίτες προήλθε από αυτό, καθώς τους περιέγραφε συστηματικά ως χειραγωγούς, διαφθορείς και ψεύτες. Κατηγορούμενοι ότι θέλουν να ελέγξουν τον κόσμο μέσω μιας τεράστιας συνωμοσίας που θα συνδυάζει το μονοπώλιο στον παγκόσμιο Τύπο και τα οικονομικά, τον καπιταλισμό και τη δημοκρατία, οι Εβραίοι παρουσιάζονται ως η γάγγραινα του Άριου λαού. Το ναζιστικό κόμμα, μόλις βρέθηκε στην ηγεσία της Γερμανίας, έθεσε λοιπόν ως αποστολή του να απαλλαγεί από το "εβραϊκό πρόβλημα", ούτε λίγο ούτε πολύ.

Αυτή η φιλοδοξία, πάντα υποστηριζόμενη από ψευδοεπιστημονικές θεωρίες, άνθισε με τη διάδοση έντονης προπαγάνδας: αφίσες, καρτ ποστάλ, σχέδια και ταινίες γελοιογραφούσαν έναν Εβραίο, άλλοτε διαβολικό, άλλοτε βρικόλακα, πάντα άθλιο και κερδοσκοπικό, παραμορφωμένο από μια αγκιστρωτή μύτη. Η εκστρατεία αυτή οδήγησε στη σταδιακή ανάπτυξη αντισημιτικής νομοθεσίας που αποσκοπούσε στην απομόνωση των Ισραηλιτών από τη γερμανική κοινωνία. Το οικονομικό μποϊκοτάζ, η απώλεια πολιτικών και πολιτικών δικαιωμάτων, ο εξευτελισμός και η βία οδήγησαν χιλιάδες Εβραίους να εγκαταλείψουν τη χιτλερική Γερμανία πριν από τον πόλεμο. Το 1942, πολλοί από αυτούς βρέθηκαν στην "τελική λύση" που επιχειρήθηκε σε ευρωπαϊκή κλίμακα.

# ⊙ Βιολογικος ρατσισμος

Ο ναζισμός βασίστηκε σε "επιστημονικές" επικυρώσεις για να νομιμοποιήσει τη θεωρία του για τη φυλετική ταξινόμηση, που διδάσκεται στις πανεπιστημιακές σχολές. Εμπνεύστηκε ιδίως από το έργο του Joseph Arthur de Gobineau (Γάλλος διπλωμάτης και συγγραφέας, 1816-1882) και του Houston Stewart Chamberlain (Γερμανός συγγραφέας βρετανικής καταγωγής, 1855-1927), οι οποίοι έδωσαν στις εξελικτικές θεωρίες του Charles Darwin (Βρετανός φυσιοδίφης, 1809-1882) μια εθνικιστική διάσταση.

## ΑΝΤΙΧΡΙΣΤΙΑΝΙΣΜΟΣ, ΑΝΤΙΚΑΠΙΤΑΛΙΣΜΟΣ ΚΑΙ ΑΝΤΙΚΟΜΜΟΥΝΙΣΜΟΣ

Ένα άλλο χαρακτηριστικό της ναζιστικής ιδεολογίας είναι η βίαιη αντίθεσή της σε άλλες μορφές σκέψης, είτε αυτές είναι πολιτικές, κοινωνικές ή θρησκευτικές. Συνεπώς, το καθεστώς ανέλαβε να εξαλείψει οτιδήποτε δεν ταίριαζε με τις δικές του κοσμοθεωρίες και φυλετικές αντιλήψεις.

Αυτό ισχύει για τον Χριστιανισμό. Η χριστιανική θρησκεία, η οποία προήλθε από τον Ιουδαϊσμό, είχε επίσης το μειονέκτημα ότι είχε μια ντροπιαστική σχέση με το σώμα και τη σεξουαλικότητα. Για το ναζιστικό καθεστώς, το οποίο πρέσβευε έναν ευγονικό λόγο που βασιζόταν σε ιατρικές, αναπαραγωγικές και επιστημονικές θεωρίες, ο χριστιανισμός αποτελούσε εμπόδιο στον στόχο της φυλετικής επιβίωσης.

Ο καπιταλισμός είναι επίσης πικρά αντίθετος. Ο καπιταλισμός, που υποτίθεται ότι βρίσκεται στα χέρια των Εβραίων, οι οποίοι θα τον χρησιμοποιούσαν για να ελέγξουν και να υπο- δουλώσουν τον κόσμο, είναι ιδιαίτερος στο γεγονός ότι υπο- στηρίζει την προσωπική επιτυχία, έναν στόχο που είναι ασυμβίβαστος με το λεγόμενο "σοσιαλιστικό" ιδεώδες του χιτλερικού καθεστώτος: μια κοινότητα αφοσιωμένη στην πατρίδα της. Ωστόσο, το ναζιστικό δόγμα δεν έχει καμία σχέση με τον κομμουνισμό: αντιτίθεται στην αρχή της ισότη- τας μεταξύ των ανθρώπων, ενώ ο μαρξισμός επιδιώκει την εξάλειψη των κοινωνικών ταξικών διαφορών. Στην πραγματι- κότητα, ο "εθνικοσοσιαλισμός" είναι ένας ασαφής όρος που επιτρέπει στους θεωρητικούς των Ναζί να ανακτήσουν τη δημοτικότητα της λέξης "σοσιαλισμός", να διακηρύξουν ένα "κοινό καλό", εξασφαλίζοντας παράλληλα την υπεροχή του Έθνους. Ο όρος "εθνικιστής" θα μπορούσε να προσδιορίσει το μεγαλύτερο μέρος του ναζιστικού καθεστώτος.

## ΜΑΖΙΚΗ ΣΥΝΟΧΗ ΚΑΙ ΣΑΓΗΝΕΥΤΙΚΕΣ ΟΜΙΛΙΕΣ

Οι ηγέτες του ναζιστικού καθεστώτος σύντομα συνειδητοποί- ησαν ότι το πνεύμα συνοχής τους επέτρεπε να κινητοποιούν τα πλήθη κατά το δοκούν. Οι μεγάλες λαϊκές συγκεντρώσεις που διοργανώνονταν προς δόξα του κόμματος (όπως το Συνέδριο της Νυρεμβέργης, η ετήσια συγκέντρωση του NSDAP) ήταν επομένως ευκαιρίες για να συγκεντρωθεί το πλήθος σε μια ενιαία φωνή. Η αρειανή τελειότητα που επιθυ- μούσε το καθεστώς δεν σταματούσε στη φυσιογνωμική τελει- ότητα: η αφοσίωση στο Έθνος ήταν επίσης απαραίτητο στοιχείο. Το πρότυπο Άριου έπρεπε να διαθέτει την αρετή του αλτρουισμού, να εργάζεται και να κάνει τα πάντα, όχι για το δικό του καλό, αλλά για το σύνολο του λαού του, για τη

*Volksgemeinschaft* (λαϊκή κοινότητα). Ο ναζισμός χαρακτηρίζεται από την άρνηση του ατόμου προς όφελος της μάζας, η οποία πρέπει να πλαισιωθεί από ένα συνεκτικό πνεύμα.

Ο Αδόλφος Χίτλερ, αναμφίβολα γνωστός ως λαμπρός ρήτορας ικανός να παράγει τους πιο πειστικούς λόγους, κατάφερε να διαδώσει τέλεια την ιδεολογία του κόμματός του μέσω της μίμησης που δημιουργούσε κατά τις δημόσιες εμφανίσεις του. Γνώριζε ότι δύο παράγοντες λειτουργούσαν υπέρ του: η ικανότητα να παράγει έναν σαγηνευτικό λόγο, μέσω μιας συμπεριφοράς δυναμικής και εξαιρετικά χαρισματικής, και το ομαδικό αποτέλεσμα, δηλαδή η διέγερση και ο δυναμισμός που δημιουργούνται από την αίσθηση ότι είσαι ενωμένος σε ένα πλήθος. Ο Χίτλερ δεν μιλούσε, ρευόταν κυριολεκτικά, μερικές φορές σε σημείο να πέφτει σε έκσταση από την ίδια του τη δύναμη- ακόμη και σήμερα, είναι ένας χαρακτήρας που συχνά καρικατουριάζεται στον κινηματογράφο ή στην τηλεόραση για τον γαλβανιστικό τρόπο που μιλούσε.

 ## ΕΝΑ ΕΚΠΛΗΚΤΙΚΟ ΠΑΡΑΔΟΞΟ

Ο Χίτλερ φοβάται πολύ να μιλήσει στο ραδιόφωνο. Σε ένα στούντιο, χωρίς κοινό που θα τον χειροκροτούσε φανατικά, δεν ήταν πλέον ο χαρισματικός ρήτορας που ήταν μπροστά στο κοινό. Δεδομένου ότι το ραδιόφωνο ήταν απαραίτητο μέσο προπαγάνδας κατά τη διάρκεια του "Πολέμου των Αιθέρων", ο υπουργός Γιόζεφ Γκέμπελς, υπεύθυνος για την προπαγάνδα, παρέκαμψε αυτό το μειονέκτημα οργανώνοντας δημόσιες τελετές για να εξασφαλίσει ότι οι ομιλίες του *Φύρερ* μεταδίδονταν ζωντανά από το ραδιόφωνο.

Το άτομο παρασύρεται από τις επιβαλλόμενες χειρονομίες και τα συνθήματα που υψώνονται με μια φωνή. Ο Χίτλερ επέβαλε μια ολόκληρη, σαφώς καθορισμένη τελετουργία στο λαό του: τον ναζιστικό χαιρετισμό ειδικότερα, ο οποίος παρέμεινε διαβόητος, με τα χέρια και τα χέρια τεντωμένα προς τον ουρανό. Μια χειρονομία που δεν είναι ασήμαντη για τον *Φύρερ*: προέρχεται από τον χαιρετισμό προς τους Ρωμαίους αυτοκράτορες και, πριν γίνει σήμα του κόμματός του, ήταν ευρύτερα γνωστή ως φασιστικός χαιρετισμός. Ο Χίτλερ το ανέλαβε και πρόσθεσε το επιβληθέν σύνθημα *Heil Hitler*, το οποίο μπορεί να μεταφραστεί ως "Ζήτω ο Χίτλερ".

Αυτές οι ναζιστικές τελετές, που γίνονταν με τον τρόπο μιας θρησκευτικής τελετής, ήταν μια θεαματική επίδειξη της δύναμης του καθεστώτος και συνέβαλαν στη δημιουργία μιας λατρείας του *Φύρερ*.

## ΝΕΟΛΑΙΑ ΤΟΥ ΧΙΤΛΕΡ

Στο έργο της κατήχησής του, το ναζιστικό κράτος προσπάθησε να αναλάβει την εκπαίδευση της γερμανικής νεολαίας. Αφού αναδιοργάνωσε την εκπαίδευση, προώθησε ένα ναζιστικό νεανικό κίνημα: τη *Χιτλερική Νεολαία* ή "Χιτλερική Νεολαία".

Το κίνημα, που ιδρύθηκε το 1926 με πρωτοβουλία του Baldur von Schirach (1907-1974), ο οποίος ήταν ο ηγέτης του, αντικατέστησε τις άλλες ενώσεις νέων το 1933. Το 1936, η εγγραφή στη Χιτλερική Νεολαία έγινε υποχρεωτική. Ένα είδος κατασκήνωσης διακοπών και "σχολείου του Σαββάτου", το κίνημα εκπαίδευσε τους μικρούς Άριους επιβάλλοντάς τους (υπό το πρόσχημα μιας "πρότασης") ένα τεράστιο πρόγραμμα με εκπαιδευτικό στόχο. Ήταν οργανωμένη σύμφωνα με διαφορετικές ηλικιακές και έμφυλες κατηγορίες: από την ηλικία των 10 ετών, τα αγόρια μάθαιναν να γίνονται καλοί στρατιώτες που προορίζονταν να γεμίσουν τις τάξεις του στρατού στο πλαίσιο της *Deutsche Jungvolk* ("Γερμανική νεολαία")- εντάχθηκαν στη *Hitlerjugend* στα 14. Τα κορίτσια γίνονταν δεκτά στο *Jungmädelbund* ("Σύνδεσμος Κοριτσιών"), όπου μάθαιναν το ρόλο της πρότυπης μητέρας και συζύγου, πριν ενταχθούν στο *Bund Deutscher Mädel* ("Σύνδεσμος Γερμανίδων").

Ο στόχος ήταν να απομακρυνθούν τα παιδιά από την επιρροή των οικογενειών τους για να τους εμφυσήσουν τα εθνικοσοσιαλιστικά ιδεώδη: έπαινος για τη δύναμη, λατρεία του σώματος, πειθαρχία και στρατιωτικοποίηση. Σύμφωνα με τις αρχές του κόμματος, διδάσκονταν ο αντισημιτισμός και η πίστη στον *Φύρερ*, με τέτοιο φανατισμό που ορισμένοι νέοι έφταναν στο σημείο να καταγγέλλουν τους συγγενείς τους ή ακόμη και τους γονείς τους, αν αυτοί αντιδρούσαν στο καθεστώς.

##  ΜΑΖΙΚΗ ΚΑΤΗΧΗΣΗ

Η Χιτλερική Νεολαία συνέβαλε στη στρατολόγηση ενός εντυπωσιακού αριθμού νέων: μέχρι το τέλος του 1938, όχι λιγότερα από 7.728.259 παιδιά συμμετείχαν σε αυτές τις οργανώσεις. Πολλές από αυτές βρήκαν στη συνέχεια δουλειά ως στρατιώτες για τα αγόρια και πολύ συχνά σε εργοστάσια ή νοσοκομεία για τα κορίτσια.

# ΠΡΟΠΑΓΑΝΔΑ ΣΤΗΝ ΥΠΗΡΕΣΙΑ ΤΟΥ ΚΟΜΜΑΤΟΣ

Το ναζιστικό καθεστώς χρησιμοποίησε την προπαγάνδα ως πραγματικό όπλο για να κερδίσει τις μάζες, κινητοποιώντας όλα τα μέσα: τον Τύπο, το ραδιόφωνο, τις αφίσες, τις ταινίες, την τέχνη κ.ά. Η πρόκληση ήταν να σαγηνεύσει όλα τα στρώματα του πληθυσμού με μέσα που ήταν τόσο απλά όσο και εξαιρετικά αποτελεσματικά. Η πρόκληση ήταν να σαγηνεύσει όλα τα στρώματα του πληθυσμού με μέσα που ήταν τόσο απλά όσο και ιδιαίτερα αποτελεσματικά. Συνολικά, η προπαγανδιστική ρητορική αποκρυσταλλώθηκε γύρω από δύο βασικά μηνύματα: την προώθηση της Άριας ανωτερότητας και την υποτίμηση των ιδεολογικών, πολιτικών και στρατιωτικών αντιπάλων.

Η εικονογραφία χρησιμοποιείται ιδιαίτερα. Οι αφίσες είναι πολυάριθμες και οπτικά πολύ δυνατές. Κάποιες είναι χτισμένες γύρω από ένα μοντέλο τελειότητας: ο νέος άνθρωπος, το άρειο ιδεώδες, αντιπροσωπεύεται μέσα στην οικογένειά του, για να "εμπνεύσει" τον πληθυσμό.

Ορισμένα από αυτά συμβάλλουν στη λατρεία της προσωπικότητας του *Φύρερ*, παρουσιάζοντάς τον με μια πολύ προστατευτική μορφή, έναν καλοπροαίρετο "πατέρα του έθνους" που κοιτάζει τους νέους Γερμανούς ή τον λαό γενικότερα με εμπιστοσύνη. Άλλες αφίσες επιδιώκουν να ενσταλάξουν το μίσος με γκροτέσκες και τρομακτικές καρικατούρες της εβραϊκής, μπολσεβίκικης ή βρετανικής φιγούρας. Ισχυρά συνθήματα συνοδεύουν συχνά αυτή την πειστική εικονογραφία, όπως το *Ein Kampf, Ein Sieg* ("Ένας αγώνας, μια νίκη").

Μεταξύ των προπαγανδιστικών βιβλίων, το *Mein Kampf* του Αδόλφου Χίτλερ δόθηκε ως κρατικό γαμήλιο δώρο σε νεαρά γερμανικά ζευγάρια από το 1936. Στους κινηματογράφους προβάλλονταν ταινίες που χρηματοδοτούνταν από το καθεστώς, όπως το *Olympia* της Leni Riefenstahl (μεταφρασμένο στα γαλλικά ως *Les Dieux du Stade*), το οποίο εξυμνούσε τους Γερμανούς αθλητές, ή αντισημιτικά ντοκιμαντέρ (*Le Juif Süss*), αγγλοφοβικές ταινίες (*Le Président Krüger*) ή ταινίες που υποστήριζαν την ευθανασία των αναπήρων (*L'Héritage*). Το ραδιόφωνο, φιμωμένο από τις αρχές, ψιθύριζε επίσης προπαγανδιστικές νότες ανάμεσα σε μια συναυλία του Βάγκνερ και ένα πρόγραμμα τζαζ. Το ραδιόφωνο έδωσε επίσης περίοπτη θέση στις "ναζιστικές τελετές" που διαμόρφωναν ακόμη τη λατρεία της προσωπικότητας, ένα διαβόητο στοιχείο που επέβαλε τον ηγέτη του καθεστώτος ως το μοναδικό είδωλο που έπρεπε να λατρεύεται.

## ΤΑ ΣΤΡΑΤΟΠΕΔΑ ΘΑΝΑΤΟΥ ΚΑΙ Η ΕΞΟΝΤΩΣΗ ΤΩΝ ΑΝΤΙΠΑΛΩΝ

Τέλος, η εξόντωση των αντιπάλων του καθεστώτος ήταν η αιχμή του δόρατος της ναζιστικής ιδεολογίας, όπως και η εξάλειψη των κατώτερων φυλών. Η δικτατορία έστησε ένα πραγματικό κυνήγι, οργανωμένο από κρατικές αστυνομικές δυνάμεις όπως τα SS (*Schutzstaffel* ή "μοίρα προστασίας"), τα SA (*Sturmabteilung*, "τμήμα εφόδου") ή η Gestapo (*Geheime Staatspolizei*, μυστική αστυνομία του Τρίτου Ράιχ). Οι μέθοδοι εξόντωσης ήταν ριζοσπαστικές: φυλάκιση, βασανιστήρια, αποστολή σε στρατόπεδα συγκέντρωσης ή εξόντωσης κυρίως στην Πολωνία (Άουσβιτς) και στη Γερμανία (Μπέργκεν Μπέλσεν).

Μεταξύ 1933 και 1945, κατασκευάστηκαν 42.500 ναζιστικά στρατόπεδα (κράτησης, συγκέντρωσης, διέλευσης, εξόντωσης). Οι φρικαλεότητες που διαπράττονται εκεί συχνά ξεπερνούν κάθε φαντασία: αναγκαστικές στειρώσεις και θανατηφόρα ιατρικά πειράματα (διατήρηση σε παγωμένο νερό, ενέσεις αμμωνίας στις φλέβες...). Ο δημόσιος εξευτελισμός, η σωματική κακοποίηση, το κρύο, η πείνα και η έλλειψη υγιεινής σημάδεψαν την καθημερινή ζωή των κρατουμένων και προκάλεσαν χάος: 15 έως 20 εκατομμύρια άνθρωποι έπεσαν θύματα αυτών των στρατοπέδων, πεθαίνοντας από πείνα, ασθένειες όπως ο τύφος ή η δυσεντερία ή ασφυκτιώντας στους θαλάμους αερίων και καίγονταν στα κρεματόρια.

# ΣΥΝΤΟΜΗ ΙΣΤΟΡΙΑ ΤΟΥ ΝΑΖΙΣΜΟΥ

## ΕΝΑ ΕΥΝΟΪΚΟ ΠΛΑΙΣΙΟ ΓΙΑ ΤΟΝ ΕΘΝΙΚΙΣΜΟ

1919. Στο τέλος του Μεγάλου Πολέμου, η ήττα βύθισε τη Γερμανία σε σύγχυση. Η Συνθήκη των Βερσαλλιών, που υπογράφηκε απρόθυμα στις 28 Ιουνίου με τους Συμμάχους, ενίσχυσε το βαθύ αίσθημα ταπείνωσης του γερμανικού λαού: ως συνθήκη "ειρήνης", καταδίκασε τη Γερμανία σε δυσβάσταχτες οικονομικές αποζημιώσεις, ακρωτηρίασε μεγάλες εδαφικές εκτάσεις και κατέστρεψε τη στρατιωτική της ισχύ. Ανάμεσα στη ντροπή, τη δυστυχία και την επιθυμία για ανανέωση, οι διαμαρτυρίες αυξάνονται. Ειδικά στο Μόναχο γεννήθηκαν πολλές μικρές ομάδες, των οποίων ο εθνικισμός έτεινε να γίνει πιο ριζοσπαστικός. Φούντωσαν τις φλόγες της αναταραχής.

Μεταξύ αυτών, το Γερμανικό Εργατικό Κόμμα ή DAP (*Deutsche Arbeiter Partei*) ιδρύθηκε στις 5 Ιανουαρίου 1905. Επικεφαλής του ήταν δύο άνδρες με πολύ ξεκάθαρες ιδέες: ο Karl Harrer (1890-1926), δημοσιογράφος, ο οποίος διορίστηκε αρχηγός του κόμματος, και ο Anton Drexler, κλειδαράς στο επάγγελμα, επικεφαλής του τμήματος του Μονάχου.

Ο Αδόλφος Χίτλερ προσχώρησε στο DAP τον Σεπτέμβριο του 1919. Ήταν τότε ένας μικρός δεκανέας παρασημοφορημένος με τον Σιδηρούν Σταυρό που ήταν πικραμένος για την ήττα των Γερμανών. Εντάχθηκε στο κόμμα μετά από ένα συνέδριο που τον ενθουσίασε. Έγινε φίλος με τον Drexler και ο τελευταίος του εμπιστεύτηκε ένα βιβλιαράκι του οποίου ήταν ο συγγραφέας: *Η πολιτική μου αφύπνιση*. Ο Χίτλερ ένιωθε απόλυτα εναρμονισμένος με τις ιδέες του κόμματος, ιδίως με τον εθνικιστικό του χαρακτήρα. Στις 12 Σεπτεμβρίου άρχισε να μιλάει δημόσια. Ο Ντρέξλερ εντόπισε το εξαιρετικό ταλέντο του στη ρητορική και του ανέθεσε τη θέση του διευθυντή προπαγάνδας του DAP: ο Χίτλερ ήταν υπεύθυνος για την πειθώ και την αποπλάνηση των μελλοντικών μελών. Από την αρχή, ήταν ένας άνθρωπος που άρεσε στο κοινό.

Τον Ιανουάριο του 1920, ο Drexler διαδέχθηκε τον Harrer. Υπό την πίεση του Χίτλερ, άλλαξε το όνομα του κόμματος: το DAP έγινε "NSDAP" (*Nazionalsozialistische Deutsche Arbeiter Partei*, ή "Εθνικοσοσιαλιστικό Γερμανικό Κόμμα Εργατών"). Το κίνημα αυτό είναι πιο γνωστό σε εμάς ως το Ναζιστικό Κόμμα (συντομογραφία του *nationalsozialistisch*).

Αλλά οι σχέσεις μεταξύ του Χίτλερ και του Ντρέξλερ σύντομα επιδεινώθηκαν. Το 1921, εκμεταλλευόμενος ένα ταξίδι του Χίτλερ, ο αντίπαλός του τον κατηγόρησε ανοιχτά ότι ήθελε να αναλάβει τα ηνία του κόμματος. Αποπέμφθηκε αμέσως για συκοφαντική δυσφήμιση. Ο Χίτλερ ανέλαβε την ηγεσία του NSDAP στις 29 Ιουλίου 1921- ο Ντρέξλερ διατήρησε μόνο μια τιμητική θέση.

## Η ΠΡΟΕΛΕΥΣΗ ΤΗΣ ΝΑΖΙΣΤΙΚΗΣ ΣΒΑΣΤΙΚΑΣ

Στο *Mein Kampf* ο Χίτλερ διατύπωσε την ιδέα ενός ισχυρού συμβόλου για το ναζιστικό κόμμα. Η σβάστικα δεν επιλέχθηκε τυχαία: ήταν ήδη το διακριτικό της Γερμανικής

Τάξης, μιας αντισημιτικής ομάδας που συνδεόταν με το κόμμα. Η *σβάστικα,* ένα πολύ αρχαίο σύμβολο που εμφανίζεται σε διάφορους πολιτισμούς σε όλο τον κόσμο, θεωρείται στην Ευρώπη ως άρειο σύμβολο. Ως εκ τούτου, υιοθετήθηκε ως έμβλημα από τον Χίτλερ, συχνά με κλίση 45°, με έντονα χρώματα (μαύρο για την άρια φυλή, λευκό για τον εθνικισμό, κόκκινο για τον σοσιαλισμό) για να τονιστεί περαιτέρω ο οπτικός του αντίκτυπος. Η ναζιστική *σβάστικα* εμφανίστηκε δημόσια για πρώτη φορά στις 20 Μαΐου 1920 από το NSDAP.

## Η ΕΠΕΚΤΑΣΗ ΤΟΥ ΧΙΤΛΕΡΙΚΟΥ ΚΙΝΗΜΑΤΟΣ

Ο Χίτλερ ήταν πλέον μόνος του επικεφαλής του πολιτικού κόμματος και σκόπευε να επεκτείνει την επιρροή του σε όσο το δυνατόν περισσότερους ανθρώπους. Κατάφερε να θέσει υπό τον έλεγχό του όλες τις ακροδεξιές ενώσεις της νότιας Γερμανίας και ίδρυσε γρήγορα την πρώτη παραστρατιωτική του οργάνωση, την SA (*Sturmabteilung*). Αυτό το "τμήμα επίθεσης" στρατολόγησε τα μέλη του μέσω της δημιουργίας ενός αθλητικού συλλόγου.

Τίποτα δεν φαινόταν να το σταματά. Το 1923 μια σοβαρή νομισματική κρίση συγκλόνισε την ήδη ταραγμένη χώρα: η αξία του μάρκου κατέρρευσε, οι τιμές εκτοξεύτηκαν στα ύψη. Οι Γερμανοί έγιναν φτωχότεροι. Μη μπορώντας να πληρώσει τα πολεμικά της χρέη, η Γερμανία δέχτηκε εισβολή από βελγικά και γαλλικά στρατεύματα που ήθελαν να εκμεταλλευτούν τους βιομηχανικούς πόρους της Ρηνανίας. Ο Χίτλερ είχε ένα επιπλέον επιχείρημα για να πείσει τον λαό να τον εμπιστευτεί. Κατήγγειλε τη Συνθήκη των Βερσαλλιών και παρουσιάστηκε ως ο σωτήρας του λαού.

Στην Ιταλία, η επιτυχία του φασισμού ενθουσίασε τη φιλοδοξία του Χίτλερ. Εμπνευσμένος από την "πορεία στη Ρώμη" του Μουσολίνι το 1922, προσπάθησε επίσης να καταλάβει την εξουσία με τη βία στις 8 Νοεμβρίου 1923 σε μια μπυραρία του Μονάχου. Αλλά η απόπειρα πραξικοπήματος απέτυχε. Ο Χίτλερ καταδικάστηκε σε πενταετή φυλάκιση για προδοσία και κλείστηκε στο φρούριο του Λάντσμπεργκ.

Τελικά, ο ταραχοποιός κρατήθηκε μόνο για 13 μήνες, διάστημα που χρησιμοποίησε για να γράψει το *Mein Kampf*. Σε αυτό το έργο αποκαλύπτει τις υπερεθνικιστικές θεωρίες του, το μίσος του για τους ξένους και ιδιαίτερα για τους Εβραίους και τους Τσιγγάνους. Προσπάθησε να αποδείξει ότι ήταν θέλημα της φύσης να εξασφαλίσει την υπεροχή της καθαρής άριας φυλής, μόλις απαλλαγεί από οτιδήποτε θα μπορούσε να την εξασθενήσει και να καταστρέψει τον "ζωτικό της χώρο". Με την αποφυλάκισή του από τη φυλακή τον Νοέμβριο του 1924, ο Χίτλερ ήταν αποφασισμένος να συνεχίσει τις δραστηριότητές του ως πολιτικός ακτιβιστής, να επανενώσει το κόμμα που είχε αποδυναμωθεί από την εσωτερική διχόνοια και να κερδίσει πίσω τα μέλη που είχε χάσει κατά τη διάρκεια της μακράς φυλάκισής του.

## ΤΑΧΕΙΑ ΑΝΟΔΟΣ

Για να είναι σίγουρος ότι θα διατηρήσει τον έλεγχο του ναζιστικού κόμματος και για να κερδίσει μια πιο μετριοπαθή μεσαία τάξη, ο Χίτλερ επέλεξε για λίγο μια πιο ήπια στρατηγική. Εξομάλυνε τον πολιτικό του λόγο. Δεν ήταν πλέον καιρός για εξέγερση, καθώς η σταθεροποίηση της αξίας του μάρκου είχε επιτρέψει στη δημοκρατία να εδραιωθεί. Τον Φεβρουάριο του 1925 αναδιοργάνωσε το κόμμα και περιβάλλεται από μια "ταξιαρχία προστασίας", τα SS (*Schutzstaffel*), *υπό την ηγεσία* του Χάινριχ Χίμλερ. Ταυτόχρονα, εργάστηκε για να αναπτύξει μια λατρεία γύρω από την προσωπικότητά του ως πρώην δεκανέα, γνωρίζοντας ότι ο πληθυσμός χρειαζόταν έναν "ισχυρό" ηγέτη. Το NSDAP αύξησε σταδιακά τα μέλη του, κυρίως από τα μεσαία και ανώτερα στρώματα, αλλά δεν κατάφερε να κερδίσει στις εκλογές του 1928.

Το 1929, όμως, η Μεγάλη Ύφεση προκάλεσε την επιστροφή της ανεργίας και του πληθωρισμού. Η κατάσταση αυτή βόλευε τον Χίτλερ, ο οποίος υποσχέθηκε να αποκαταστήσει τη γερμανική εξουσία. Αφού η Δημοκρατία ήταν ανίκανη να λύσει τα οικονομικά και κοινωνικά προβλήματα, γιατί να μην αλλάξει ριζικά το καθεστώς; Το NSDAP γνώρισε εκθαμβωτική επιτυχία: από 176.000 μέλη το 1929, είχε σχεδόν τέσσερα εκατομμύρια το 1931. Στις εκλογές του 1930 κέρδισε 107 βουλευτές και ήταν πλέον το δεύτερο μεγαλύτερο κόμμα στο Ράιχσταγκ. Σημαντικές προσωπικότητες διαβεβαίωσαν τον Χίτλερ για την υποστήριξή τους, συμπεριλαμβανομένου του προπαγανδιστή Γιόζεφ Γκέμπελς, ο οποίος διορίστηκε *Gauleiter* (ηγέτης) του Βερολίνου με αποστολή την κατάκτηση της πόλης.

Από εκείνη τη στιγμή, όλες οι προσπάθειες διάλυσης των χιτλερικών οργανώσεων απέτυχαν. Ήταν πολύ αργά- η άνοδος του Χίτλερ στην εξουσία ήταν αναπόφευκτη. Τα SA αύξησαν τις επιδείξεις ισχύος τους, όπως οι μαζικές παρελάσεις με καφέ πουκάμισα. Στις 30 Ιανουαρίου 1933, μετά από πολλές υπεκφυγές, ο πρόεδρος Πάουλ φον Χίντενμπουργκ (1847-1934) συμφώνησε να διορίσει τον Χίτλερ καγκελάριο της Δημοκρατίας της Βαϊμάρης.

# Ο ΝΑΖΙΣΜΟΣ ΣΤΑ ΧΕΡΙΑ ΤΟΥ ΑΔΟΛΦΟΥ ΧΙΤΛΕΡ

Μετά από αυτό, ο Χίτλερ πέτυχε τη διάλυση του Ράιχσταγκ από τον πρόεδρο φον Χίντενμπουργκ- ήθελε να δώσει στο κόμμα του μια αδιαμφισβήτητη πλειοψηφία στις νέες ομοσπονδιακές εκλογές. Στις βουλευτικές εκλογές της 5ης Μαρτίου 1933, το NSDAP κέρδισε την πλειοψηφία με 43,9% των ψήφων. Ο Χίτλερ μπόρεσε τότε να περάσει τον "νόμο περί πλήρους εξουσίας" για μια περίοδο τεσσάρων ετών: είχε πλέον το δικαίωμα να θεσπίζει νόμους χωρίς την έγκριση του κοινοβουλίου ή ακόμη και την υπογραφή του Προέδρου του Ράιχ. Η δικτατορία δεν ήταν μακριά.

Το Εθνικοσοσιαλιστικό Κόμμα αποκαλύπτεται στη θλιβερή του μεγαλοπρέπεια: κάτω από τους πολιτικούς λόγους, κρύβεται μια βαθιά ρατσιστική και αναξιοκρατική ιδεολογία που κινεί τον Αδόλφο Χίτλερ και τους συμπαθούντες του. Ο Γιόζεφ Γκέμπελς (1897-1945), ο οποίος διορίστηκε υπουργός Λαϊκής Παιδείας και Προπαγάνδας στις 14 Μαρτίου 1933, ήταν επιφορτισμένος με τη διάδοση των προτάσεών της. Σύντομα, όλες οι πτυχές της πολιτιστικής ζωής τέθηκαν υπό έλεγχο.

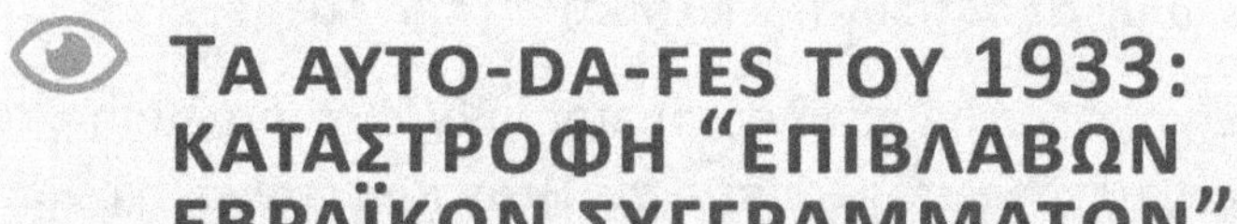

## ΤΑ ΑΥΤΟ-DA-FES ΤΟΥ 1933: ΚΑΤΑΣΤΡΟΦΗ "ΕΠΙΒΛΑΒΩΝ ΕΒΡΑΪΚΩΝ ΣΥΓΓΡΑΜΜΑΤΩΝ".

Το βράδυ της 10ης Μαΐου 1933 στο Βερολίνο, υποστηρικτές των ναζιστών φοιτητών οδήγησαν φορτηγά με βιβλία από την Πύλη του Βρανδεμβούργου στην Όπερα. Πέταξαν εκεί το φορτίο τους και, παρά τη βροχή που έπεφτε στην πόλη, προχώρησαν στην καταστροφή των βιβλίων καίγοντάς τα. Συνολικά κάηκαν 20.000 βιβλία, από τους μεγαλύτερους Εβραίους συγγραφείς: Σίγκμουντ Φρόιντ, Καρλ Μαρξ, Φραντς Κάφκα και πολλοί άλλοι. Ο Γιόζεφ Γκέμπελς, ο οποίος ήταν παρών στην πυρπόληση, εκφώνησε ραδιοφωνικό λόγο καλώντας όλους τους Γερμανούς φοιτητές να αγωνιστούν κατά της διανομής των έργων των καλλιτεχνών που κρίθηκαν ως "εκφυλισμένοι", ώστε "το γερμανικό πνεύμα να θριαμβεύσει μια για πάντα σε μια Γερμανία που είχε αφυπνιστεί για πάντα" (AYCARD (Mathilde) και VALLAUD (Pierre), *Hitler against Berlin 1933-1945*, σ. 56). Παράλληλα, σε όλη τη Γερμανία έλαβαν χώρα παρόμοιες τελετουργικές αυτοκαταστροφές, καθώς και η απαγόρευση από τα μουσεία των πινάκων του Πικάσο, του Ματίς, του Σεζάν και του Σαγκάλ.

Στην προσπάθειά του για απολυταρχία, ο Χίτλερ έφτασε στο σημείο να εκκαθαρίσει το ίδιο του το κίνημα. Τη νύχτα της 29ης προς 30ή Ιουνίου 1934, γνωστή και ως "Νύχτα των Μακρών Μαχαιριών", περίπου εκατό αντίπαλοι, κυρίως μέλη των SA, θανατώθηκαν με το σπαθί τους: ο υποψήφιος για τη δικτατορία έπρεπε να κατευνάσει το πάθος μιας οργάνωσης της οποίας η βία είχε γίνει δυσβάσταχτη.

Τον Αύγουστο του 1934, μετά το θάνατο του στρατάρχη Χίντενμπουργκ, ο Χίτλερ ανέλαβε τα καθήκοντα του αρχηγού του κράτους, κατάργησε τον τίτλο του "Προέδρου" και έδωσε στον εαυτό του τον τίτλο του "*Φύρερ* και Καγκελάριου του Ράιχ". Το καθεστώς μετατοπίστηκε έτσι προς μια νέα μορφή νομιμοποίησης: ο Χίτλερ δεν αντλούσε πλέον την εξουσία του από ένα συνταγματικό μέτρο, αλλά από την υποτιθέμενη βούληση του λαού.

Οι θρησκείες εξορίστηκαν από το χιτλερικό κράτος: εναπόκειτο σε έναν άνθρωπο, τον ανώτατο, να διαμορφώσει την υπόλοιπη ανθρωπότητα- σε αυτόν τον εκλεκτό έπεσε το καθήκον να αποφασίσει για την τύχη της *Volksgemeinschaft* ("λαϊκής κοινότητας"). Ήταν επίσης στο χέρι του να διατηρήσει την ανωτερότητα της άριας φυλής, η οποία επρόκειτο να κατακτήσει μια αυτοκρατορία, εξαλείφοντας τα ακάθαρτα στοιχεία: τις κατώτερες φυλές (Εβραίοι, έγχρωμοι), τους "τρελούς" (ψυχικά ασθενείς και ομοφυλόφιλοι) και τους "αντικοινωνικούς" (τσιγγάνοι, ζητιάνοι, πόρνες, αλκοολικοί).

## Ο ΧΙΤΛΕΡ, ΜΙΑ ΕΞΑΙΡΕΤΙΚΗ ΠΡΟΣΩΠΙΚΟΤΗΤΑ

Ο χαρακτήρας του Αδόλφου Χίτλερ αποτελεί αντικείμενο πολλών μελανιών και, ως πηγή όλων των φαντασιώσεων, υπάρχουν πολλά ανέκδοτα για την ιδιωτική του ζωή. Ήταν ένας άνθρωπος της εξουσίας και της μεγαλοπρέπειας, ικανός να διαπράξει τα χειρότερα εγκλήματα για να ικανοποιήσει την επιθυμία του για παντοδυναμία, και η εμμονή του με την υγεία και την υγιεινή δεν περιοριζόταν στους άλλους. Η Margot Woelk (γεν. 1917), η οποία ήταν μία από τις επίσημες δοκιμαστές του κατά τη διάρκεια του Β΄ Παγκοσμίου Πολέμου, αποκαλύπτει ότι ο *Φύρερ* ακολουθούσε έναν πολύ αυστηρό τρόπο ζωής, δεν κατανάλωνε κρέας, ψάρι, αλκοόλ ή καπνό και έτρωγε μόνο φρέσκα προϊόντα. Λέει ότι ήταν τρομοκρατημένος ότι το φαγητό του θα ήταν δηλητηριασμένο.

# ΑΠΑΓΟΡΕΥΣΗ ΤΟΥ ΑΝΕΠΙΘΥΜΗΤΟΥ

Το πρώτο θύμα του ναζισμού ήταν η μεγάλη εβραϊκή κοινότητα. Μόλις κατέλαβε την εξουσία, ο Χίτλερ πραγματοποίησε τα σχέδια διώξεων που υποσχόταν εδώ και καιρό το NSDAP. Εκδόθηκαν περισσότερα από 400 διατάγματα για τον σταδιακό εξοβελισμό των Εβραίων από την κοινωνία. Τον Απρίλιο του 1933, οι Ισραηλίτες έχασαν το δικαίωμα να ασκούν ορισμένα επαγγέλματα (στη διοίκηση, τη δικαιοσύνη, το νομικό και το ιατρικό τομέα). Τα πανεπιστήμια περιόρισαν την εγγραφή Εβραίων φοιτητών. Το 1935, οι "Νόμοι της Νυρεμβέργης", και ειδικότερα ο "Νόμος για την προστασία του γερμανικού αίματος και της τιμής", καθόρισαν τους κανόνες της συμμετοχής των Εβραίων. Το ένα διάταγμα μετά το άλλο γινόταν όλο και πιο ελευθεροκτόνο. Σταδιακά, οι Εβραίοι δεν είχαν πρόσβαση σε δημόσια πάρκα, ορισμένα καταστήματα, βιβλιοθήκες, πισίνες, κινηματογράφους και αθλητικά κέντρα. Έχασαν τη γερμανική τους υπηκοότητα, τα πολιτικά τους δικαιώματα και το δικαίωμα να παντρευτούν έναν πολίτη γερμανικού αίματος. Οι βιομηχανίες τους μποϊκοτάρονται. Σε πολλές πόλεις, οι ζώνες ορίστηκαν ως "άριες". Εισήχθη απαγόρευση κυκλοφορίας. Οι Εβραίοι ασφυκτιούσαν στα σπίτια τους.

 ## Οι Ολυμπιακοι Αγωνες του 1936

Αν και ο Χίτλερ θέσπισε πολύ αυστηρούς κανόνες κατά των Εβραίων, απαγορεύοντας ακόμη και την τελετουργική σφαγή ζώων για να τους εμποδίσει να τηρούν τους διατροφικούς τους νόμους, έκανε μια εξαίρεση κατά τη διάρκεια των Ολυμπιακών Αγώνων του 1936 που διεξήχθησαν στο

Γκάρμις-Παρτενκίρχεν και στο Βερολίνο. Προκειμένου να μην προκαλέσει την οργή άλλων χωρών και να αποφύγει τον κίνδυνο πτώσης του τουρισμού στη Γερμανία, χαλάρωσε την αντισημιτική του πολιτική αρκετό καιρό πριν, συμπεριλαμβανομένης της αφαίρεσης των πινακίδων που απαγόρευαν στους Εβραίους την είσοδο σε ορισμένα μέρη. Ωστόσο, η αυστηρότητα απέναντι στους Εβραίους επανήλθε μετά τους Αγώνες.

Τη νύχτα της 9ης προς 10η Νοεμβρίου 1938, ένα βίαιο πογκρόμ εγκαινίασε το πλήθος των φρικαλεοτήτων που διαπράχθηκαν κατά των Εβραίων καθ' όλη τη διάρκεια του μελλοντικού παγκόσμιου πολέμου: σε ολόκληρο το Ράιχ, μέλη των SA, των SS, της Χιτλερικής Νεολαίας και της Γκεστάπο έβαλαν φωτιά σε συναγωγές και λεηλάτησαν εβραϊκές επιχειρήσεις. Εκατοντάδες Ισραηλινοί ξυλοκοπήθηκαν, στάλθηκαν σε στρατόπεδα συγκέντρωσης ή δολοφονήθηκαν. Αυτή η "Κρυστάλλινη Νύχτα", υπαγορευμένη από τον Χίτλερ και οργανωμένη από τον Γκέμπελς, είχε ως στόχο και αποτέλεσμα την επιτάχυνση της μετανάστευσης των Εβραίων που βρίσκονταν στη Γερμανία: από 525.000 το 1933, το 1939 υπήρχαν μόνο 214.000.

Το φθινόπωρο του 1939, το ξέσπασμα του Β' Παγκοσμίου Πολέμου επιτάχυνε τη διαδικασία εκκαθάρισης των ανεπιθύμητων. Ο Χίτλερ υπέγραψε την εξουσιοδότηση για την εξάλειψη των "άχρηστων ζωών". Οι διανοητικά και σωματικά ανάπηροι του Ράιχ οδηγήθηκαν στους θαλάμους αερίων. Αυτή η εκστρατεία συστηματικών δολοφονιών, η οποία θα γινόταν γνωστή ως "Aktion T4" μετά το 1945, έθεσε τα θεμέλια για τη Shoah. Από την πλευρά τους, οι Εβραίοι δέχονταν όλο και μεγαλύτερες πιέσεις: δελτίο τροφίμων, αυξημένοι περιορισμοί στην πρόσβαση σε καταστήματα, επιτάξεις αγαθών (ραδιόφωνα, ποδήλατα, ηλεκτρικές συσκευές κ.λπ.). Όλα αυτά έγιναν με το πρόσχημα της "βοήθειας στην πολεμική προσπάθεια". Η 1η Σεπτεμβρίου 1941 σηματοδότησε ένα σημείο καμπής: ένα διάταγμα διέταξε όλους τους Γερμανοεβραίους άνω των 6 ετών να φορούν ένα κίτρινο αστέρι. Με την απειλή της απέλασης, το σήμα έπρεπε να ράβεται σφιχτά και να φοριέται εμφανώς: χαρακτήριζε τους Εβραίους στο μίσος της κοινότητας.

## Η "ΤΕΛΙΚΗ ΛΥΣΗ

Από την εισβολή στην Πολωνία το 1939, και ιδιαίτερα από την εισβολή στη Σοβιετική Ένωση τον Ιούνιο του 1941, οι Ναζί πραγματοποίησαν μαζικές δολοφονίες του λεγόμενου "μπολσεβίκικου" εβραϊκού πληθυσμού. Οι *Einsatzgruppen* ("ομάδες επέμβασης") εξόντωσαν αρχικά άνδρες, γυναίκες και παιδιά με πυροβολισμούς (γνωστή ως "Shoah με σφαίρες") πριν υιοθετήσουν μια μέθοδο εκτέλεσης που ήταν φθηνότερη και πιο υποφερτή για τους εκτελεστές: τα θύματα κλείστηκαν σε ένα φορτηγό και θανατώθηκαν από ασφυξία με καυσαέριο.

Το φθινόπωρο του 1941, το καθεστώς του Αδόλφου Χίτλερ αποφάσισε επίσημα να εξοντώσει όλους τους Εβραίους στην Ευρώπη. Δεν επρόκειτο πλέον μόνο για την πραγματοποίηση μιας τοπικής "εβραϊκής γενοκτονίας" στην Ανατολή, αλλά για το σχεδιασμό μιας βιομηχανικής γενοκτονίας σε ευρωπαϊκή κλίμακα. Ο επικεφαλής των SS, Χάινριχ Χίμλερ, ήταν επιφορτισμένος με την εφαρμογή αυτής της "τελικής λύσης", η οποία θα αφορούσε περίπου 11 εκατομμύρια Ευρωπαίους Εβραίους (συμπεριλαμβανομένων των Βρετανών και Ελβετών Εβραίων, εκτός των κατεχόμενων ζωνών). Η ιστορία θυμάται τη διάσκεψη του Wannsee, που πραγματοποιήθηκε στις 20 Ιανουαρίου 1942 στα προάστια του Βερολίνου, κατά τη διάρκεια της οποίας οι υψηλοί αξιωματούχοι των Ναζί συζήτησαν τη διοικητική, τεχνική και οικονομική οργάνωση του Ολοκαυτώματος. Ο Adolf Eichmann, ανώτερος αξιωματούχος του Ράιχ, διορίστηκε "διαχειριστής μεταφορών".

## ΤΑ ΣΤΡΑΤΟΠΕΔΑ ΘΑΝΑΤΟΥ

Τότε άρχισαν οι μεγάλες συγκεντρώσεις, στη Γερμανία όπως και στις κατεχόμενες χώρες, για να συλλάβουν τους Εβραίους πριν τους απελάσουν. Ολόκληρες οικογένειες μεταφέρθηκαν σε βαγόνια με ζώα στα έξι στρατόπεδα εξόντωσης που άνοιξαν μεταξύ του τέλους του 1941 και των αρχών του 1942. Το Chelmno, το Sobibor, η Treblinka, το Belzec, το Majdanek και το Auschwitz-Birkenau προστέθηκαν στα ήδη βαριά στρατόπεδα συγκέντρωσης και κράτησης, τα οποία ξεχείλιζαν από πολιτικούς κρατούμενους και εκπροσώπους των "κατώτερων φυλών".

Ο στόχος είναι να σκοτώσουν σε μεγάλη κλίμακα. Κατά την έξοδο από τα τρένα, η επιλογή είναι γρήγορη. Οι πιο αδύναμοι (ηλικιωμένοι, παιδιά κ.λπ.) καλούνταν αμέσως να "κάνουν ένα ντους". Γυμνοί, στη συνέχεια, ασφυκτιούσαν σε παρτίδες των 150 ατόμων σε "θαλάμους αερίων". Όσοι γλίτωσαν από την επιλογή εργάστηκαν μέχρι θανάτου από την εξάντληση. Οι αφόρητες συνθήκες κράτησης περιγράφηκαν από ορισμένους επιζώντες, μεταξύ των οποίων ο Πρίμο Λέβι (1919-1987) στο διάσημο βιβλίο του *Αν αυτό είναι άνθρωπος* (1947). Ορισμένοι κρατούμενοι εντάχθηκαν στα *Sonderkommandos* ("κομάντος κρεματορίου") και αναγκάστηκαν να συμμετάσχουν στην "τελική λύση": ανέσυραν τα πτώματα των συγκρατούμενων τους, τους έβγαλαν τα χρυσά δόντια και τα μετέφεραν στα κρεματόρια. Η ιστοριογραφία εκτιμά ότι πέντε έως επτά εκατομμύρια Εβραίοι έχασαν τη ζωή τους στα στρατόπεδα εξόντωσης.

# ΚΑΙ ΑΛΛΟΥ;

Ο ναζισμός και η επιταγή του "ζωτικού χώρου" οδήγησαν σε έναν Δεύτερο Παγκόσμιο Πόλεμο, μετά το "Der des der". Από το 1940, ο Χίτλερ επέκτεινε την κυριαρχία του σε δώδεκα ευρωπαϊκές χώρες. Η Γαλλία ήταν υπό κατοχή μέχρι το 1944. Ανέλαβε επίσης το κύριο βάρος της φυλετικής πολιτικής του ναζιστικού καθεστώτος. Όπως και στη Γερμανία, ο γαλλικός πληθυσμός "εκκαθαρίστηκε" από τους "εχθρούς" του καθεστώτος: κομμουνιστές, μαχητές της Αντίστασης, μασόνοι και Εβραίοι κυνηγήθηκαν από τα SS ή από γαλλικές πολιτοφυλακές που ενεργούσαν υπό τις διαταγές του κατακτητή. Υπέστησαν την ίδια μοίρα με εκείνη που επιφυλάχθηκε στους διωκόμενους Γερμανούς. Κάποιες συλλήψεις παραμένουν για πάντα διαβόητες: η συγκέντρωση των παιδιών του Izieu από την Γκεστάπο (44 παιδιά που απελάθηκαν στις 6 Ιουνίου 1944, όλα εξοντώθηκαν), ή η συγκέντρωση Vel' d'Hiv' (13.000 παρισινοί Εβραίοι συνελήφθησαν στις 16 Ιουλίου 1942). Ο Κλάους Μπάρμπι ήταν επικεφαλής του τμήματος της Γκεστάπο στη Λυών και συνέβαλε έτσι στο θάνατο με απέλαση πολλών εκατοντάδων Εβραίων.

Ο Κλάους Μπάρμπι και πολλοί άλλοι περισσότερο ή λιγότερο υψηλόβαθμοι παράγοντες του καθεστώτος του Τρίτου Ράιχ δικάστηκαν τελικά μετά το τέλος του Β' Παγκοσμίου Πολέμου στις δίκες της Νυρεμβέργης (20 Νοεμβρίου 1945-1 Οκτωβρίου 1946). Ο ναζισμός είχε πλέον καταστεί παράνομος με τη νομική έννοια και η συμμετοχή με οποιονδήποτε τρόπο στην υλοποίηση των ιδανικών που υπηρετούσε τιμωρούνταν με ισόβια κάθειρξη ή ακόμη και με τη θανατική ποινή.

# ΕΜΒΛΗΜΑΤΙΚΕΣ ΜΟΡΦΕΣ ΤΟΥ ΝΑΖΙΣΜΟΥ

## ANTON DREXLER, Ο ΣΥΝΙΔΡΥΤΗΣ

Ο Αντον Ντρέξλερ γεννήθηκε στις 13 Ιουνίου 1884 στο Μόναχο και ήταν Γερμανός πολιτικός, συνιδρυτής και ηγέτης του NSDAP από το 1919 έως το 1921. Βαυαρός με εθνικιστικές τάσεις, εργάστηκε για μεγάλο χρονικό διάστημα ως τεχνίτης μηχανών προτού γίνει κλειδαράς. Κατά τη διάρκεια του πολέμου 1914-1918, κηρύχθηκε ακατάλληλος για μάχη, γεγονός για το οποίο αργότερα κατηγορήθηκε. Λίγα είναι γνωστά για την πολιτική του σταδιοδρομία- ωστόσο, φαίνεται ότι κατά τη διάρκεια του πολέμου ο Ντρέξλερ πείστηκε από τις υπερεθνικιστικές ιδέες των αστών γαιοκτημόνων που γνώρισε.

Στη συνέχεια ο Ντρέξλερ ανέλαβε την ηγεσία των εργατικών οργανώσεων στο Μόναχο, οι οποίες, υπό την ώθηση των εθνικιστικών κύκλων του Πανγκερμανισμού (που στόχευαν στην ένωση όλων των γερμανικών λαών σε ένα ενιαίο έθνος), προσπάθησαν να μετατρέψουν την εργατική τάξη σε εθνικιστική, εις βάρος του προϋπάρχοντος μαρξισμού. Στις αρχές του 1918 δημιούργησε στο Μόναχο την *Freier Arbeiterausschuss für einen guten Frieden* (*Επιτροπή Ελεύθερων* Εργατών για μια δίκαιη ειρήνη).

Στις 5 Ιανουαρίου 1919 ίδρυσε το DAP (Γερμανικό Εργατικό Κόμμα) μαζί με τον Karl Harrer. Ο Harrer ανέλαβε την ηγεσία του κόμματος και ο Drexler ανέλαβε την ηγεσία του τμήματος του Μονάχου. Ήταν επίσης ο συγγραφέας του βιβλίου *"Η πολιτική μου αφύπνιση"*, στο οποίο εξέθετε τις εθνικιστικές, αντισημιτικές και σοσιαλιστικές ιδέες του, οι οποίες αποτέλεσαν τη βάση του DAP.

Ο πρώτος πρόεδρος του NSDAP, εκδιώχθηκε γρήγορα από τον Χίτλερ το 1921, αλλά διατήρησε μια τιμητική θέση μέχρι το 1923, όταν διαγράφηκε από το κόμμα. Αποκαταστάθηκε το 1933, αλλά δεν είχε καμία επιρροή στο NSDAP. Πέθανε στις 24 Φεβρουαρίου 1942 στο Μόναχο, όπου ζούσε απομονωμένος.

## ΑΔΟΛΦΟΣ ΧΙΤΛΕΡ, ΤΟ ΚΕΝΤΡΙΚΟ ΠΡΟΣΩΠΟ

Γεννημένος στις 20 Απριλίου 1889 στο Braunau Am Inn, Αυστριακός από ταπεινή οικογένεια, ο Χίτλερ γνώρισε από πολύ νωρίς τον κόσμο της τέχνης, στον οποίο, παρά τις προσπάθειές του, δεν κατάφερε να εισχωρήσει. Γρήγορα ήρθε κοντά σε γερμανικές εθνικιστικές ομάδες και ήταν λαμπρός ρήτορας. Το 1921 έγινε ηγέτης του εξτρεμιστικού κόμματος NSDAP.

Από τον Ιανουάριο του 1933 και μετά, κυβέρνησε όλη τη Γερμανία, χάρη στον τίτλο του Καγκελάριου του Τρίτου Ράιχ και στη συνέχεια του *Φύρερ* ("ηγέτη"). Εφάρμοσε αμέσως μια πολιτική επαναστρατιωτικοποίησης, η οποία είχε σκοπό να είναι ρεβανσιστική μπροστά στην ήττα του 1918, καθώς και μια αντικομμουνιστική, ρατσιστική και αντισημιτική πολιτική. Από το 1938 και μετά, ο Χίτλερ, επικεφαλής της *Βέρμαχτ* (του γερμανικού στρατού), ξεκίνησε την προσάρτηση πολλών εδαφών, συμπεριλαμβανομένης της Αυστρίας και της Πολωνίας, προκειμένου να κατακτήσει τον "ζωτικό χώρο" της άριας φυλής. Κατά τη διάρκεια του Δεύτερου Παγκόσμιου Πολέμου, διέταξε επίσης τη συστηματική εξόντωση των Εβραίων.

Μετά την απόβαση των Συμμάχων τον Ιούνιο του 1944, η μοίρα της Γερμανίας φαινόταν να έχει σφραγιστεί, αλλά ο Χίτλερ ήταν πεισματάρης. Τον Ιούλιο, έγινε στόχος απόπειρας δολοφονίας που οργανώθηκε από στρατιώτες που ήθελαν να διαπραγματευτούν με τους Συμμάχους ("Επιχείρηση Βαλκυρία", ένα απτό σημάδι αυξημένης γερμανικής αντίστασης). Στις 30 Απριλίου 1945, στην πολιορκημένη από τις σοβιετικές δυνάμεις πρωτεύουσα του Βερολίνου, αρνούμενος να παραιτηθεί, ο *Φύρερ* αυτοκτόνησε στο καταφύγιό του – οι συνθήκες του θανάτου του παραμένουν αμφιλεγόμενες.

## ΧΑΪΝΡΙΧ ΧΙΜΛΕΡ, Ο ΑΝΘΡΩΠΟΣ ΤΩΝ SS

Ο Χάινριχ Χίμλερ γεννήθηκε στις 7 Οκτωβρίου 1900 στο Μόναχο σε μια πολύ θρησκευόμενη καθολική οικογένεια. Γιος δασκάλου, ήταν επίσης βαφτισιμιός του πρίγκιπα Ερρίκου της Βαυαρίας (1884-1916), από τον οποίο πήρε και το μικρό του όνομα. Έγινε γεωργικός μηχανικός σε ηλικία 21 ετών και άρχισε να ενδιαφέρεται για την πολιτική, ενώ τον Αύγουστο του 1923 εντάχθηκε στο NSDAP. Την ίδια χρονιά συμμετείχε στο πραξικόπημα του Μονάχου, αλλά δεν συνελήφθη. Το 1925 συνεργάστηκε με τον Γιόζεφ Γκέμπελς και εντάχθηκε στα SS που μόλις είχε δημιουργήσει ο Χίτλερ.

Ο θαυμασμός του Χίμλερ για τον Χίμλερ ήταν απεριόριστος και η αφοσίωσή του ακλόνητη. Δεν ήταν, ωστόσο, ένας από τους στενούς του φίλους. Σταδιακά ανέβηκε στην ιεραρχία του NSDAP, μέχρι που διορίστηκε επικεφαλής των SS στις 6 Ιανουαρίου 1929. Οργάνωσε την αστυνομία (Γκεστάπο), το σύστημα των στρατοπέδων συγκέντρωσης, τον στρατό κ.λπ. Δεν σταμάτησε μπροστά σε τίποτα για να ικανοποιήσει τις φιλοδοξίες του *Φύρερ* του. Επικεφαλής όλων των αστυνομικών δυνάμεων το 1938, προήχθη σε υπουργό Εσωτερικών το 1943. Στη συνέχεια ήταν υπεύθυνος για τα στρατόπεδα συγκέντρωσης και εξόντωσης, γεγονός που του χάρισε το παρατσούκλι *Jahrhundertmörder* ("ο δολοφόνος του αιώνα") στη γερμανική ιστοριογραφία.

Το 1944, γνωρίζοντας ότι το τέλος του *Φύρερ* πλησίαζε, εκμυστηρεύτηκε στον κόμη Μπερναντότ (σουηδός διπλωμάτης, 1895-1948), τότε αντιπρόεδρο του Σουηδικού Ερυθρού Σταυρού, ότι ήταν έτοιμος να διαπραγματευτεί ανακωχή με την Αγγλία και τις Ηνωμένες Πολιτείες, υπό τον όρο ότι η Γερμανία θα μπορούσε να συνεχίσει να πολεμά την ΕΣΣΔ. Ο Χίτλερ το μαθαίνει αυτό και, τρελός από οργή, συμβάλλει στη σύλληψή του από τους Βρετανούς αναγκάζοντάς τον να διαφύγει. Τελικά αυτοκτόνησε στις 23 Μαΐου 1945, γλιτώνοντας έτσι τη δίκη της Νυρεμβέργης.

## ΓΙΟΖΕΦ ΓΚΕΜΠΕΛΣ, Ο ΤΕΧΝΙΤΗΣ ΤΗΣ ΠΡΟΠΑΓΑΝΔΑΣ

Ο Γιόζεφ Γκέμπελς μεγάλωσε σε μια ταπεινή καθολική οικογένεια στο Ράιντ της Ρηνανίας, στις 29 Οκτωβρίου 1897. Μια συγγενής δυσμορφία τον έκανε να κουτσαίνει σε νεαρή ηλικία, αλλά αυτό δεν τον εμπόδισε να ευδοκιμήσει στις σπουδές του. Το 1922 έλαβε διδακτορικό δίπλωμα στη φιλοσοφία. Φιλοδοξούσε να σταδιοδρομήσει ως λογοτέχνης, αλλά η πολιτική, ένας τομέας στον οποίο διέπρεψε, του άνοιξε την αγκαλιά της. Σύντομα μυήθηκε στον εθνικοσοσιαλισμό και το 1924 άρχισε να εργάζεται ως συντάκτης σε μια εβδομαδιαία εφημερίδα, την *Völkische Freiheit, σύμφωνα με τις πεποιθή-σεις του.*

Το 1926 διορίστηκε *γκαουλάιτερ* του Βερολίνου με αποστολή να επιβάλει εκεί το NSDAP. Η άνοδός του ήταν ραγδαία: τον Απρίλιο του 1930, ο Χίτλερ τον προήγαγε σε επικεφαλής της Εθνικής Διεύθυνσης Προπαγάνδας, ένας ρόλος που τον οδήγησε στην εφαρμογή των αρχών του *Φύρερ.* Το έκανε με τέτοιο ζήλο και επιτυχία που το 1933, όταν οι Ναζί ανέλαβαν την εξουσία, του ανατέθηκε το νέο Υπουργείο Λαϊκής Παιδείας και Προπαγάνδας.

Ο Γκέμπελς αποδείχθηκε απαράμιλλος προπαγανδιστής: απαγορεύοντας όλες τις πηγές εξωτερικής πληροφόρησης, κατάφερε να ελέγξει πλήρως την πνευματική, καλλιτεχνική και πολιτιστική ζωή του γερμανικού πληθυσμού υπό το ναζιστικό καθεστώς του Χίτλερ. Τίποτα δεν διέφευγε της προσοχής του: ταινίες, ντοκιμαντέρ, εξουσιοδοτημένες αναγνώσεις, αφίσες, μουσική, τα πάντα ήταν σχεδιασμένα για τη δόξα του Τρίτου Ράιχ και την εξυπηρέτηση των συμφερόντων του *Φύρερ.* Είναι ειρωνικό να βλέπεις αυτόν τον μικρότερο του μέσου όρου άνθρωπο, με κουτσή και μη ελκυστική σωματική διάπλαση, να υπαγορεύει τα πρότυπα ομορφιάς της Άριας φυλής...

Κατά τη διάρκεια του Δεύτερου Παγκοσμίου Πολέμου, βοήθησε ασταμάτητα στην ανύψωση του ηθικού των Γερμανών στρατιωτών. Πολύ στενός φίλος του Χίτλερ, δεν άντεξε την αυτοκτονία του το 1945, ούτε και η σύζυγός του, ένθερμη υποστηρίκτρια του καθεστώτος. Το ζευγάρι αποφάσισε λοιπόν, την 1η Μαΐου 1945, να αυτοκτονήσει, αφού πρώτα είχε σκοτώσει τα έξι παιδιά του.

# Ο ADOLF EICHMANN, ΕΠΙΚΕΦΑΛΗΣ ΤΗΣ "ΤΕΛΙΚΗΣ ΛΥΣΗΣ

Ο Karl Adolf Eichmann γεννήθηκε στις 19 Μαρτίου 1906 στο Solingen της Γερμανίας και πέρασε μέρος της παιδικής του ηλικίας στην Αυστρία, όπου σπούδασε μηχανολόγος μηχανικός. Με μικρή κλίση στο αντικείμενο, επέστρεψε σύντομα στη Γερμανία, όπου έκανε τις πρώτες του επαφές με σκοτεινές αντισημιτικές και αναρχικές ομάδες.

Εντάχθηκε στο NSDAP την 1η Απριλίου 1932 και εντάχθηκε στα SS. Γρήγορα άφησε το στίγμα του, κερδίζοντας τη μία προαγωγή μετά την άλλη. Ήδη από το 1935 άρχισε να ασχολείται με "εβραϊκές υποθέσεις" στο πλαίσιο της SD (*Sicherheitsdienst*), της υπηρεσίας πληροφοριών των SS. Το 1938 στάλθηκε στη Βιέννη για να οργανώσει την "αναγκαστική μετανάστευση" των Εβραίων από την Αυστρία. Έμαθε ακόμη και γίντις και εβραϊκά για να φέρει εις πέρας την αποστολή του.

Ο Αιχμαν συνέχισε να ανεβαίνει στην ιεραρχία μέχρι που διορίστηκε επικεφαλής ενός τμήματος του RSHA (Κεντρικό Γραφείο Ασφαλείας του Ράιχ) που ήταν αφιερωμένο στις εβραϊκές υποθέσεις και την εκκένωση. Από την αρχή του πολέμου, ο ναζιστής αξιωματικός συμμετείχε στενά στην οργάνωση της "Τελικής Λύσης". Το 1942 διορίστηκε διαχειριστής μεταφορών, μια θέση που τον οδήγησε στην οργάνωση της απέλασης των Εβραίων στα στρατόπεδα θανάτου.

Εγκλωβίστηκε το 1945 από τον αμερικανικό στρατό και κατάφερε να διαφύγει από τη δίκη της Νυρεμβέργης. Ο πρώην ναζί κρύφτηκε για κάποιο διάστημα στη Γερμανία πριν εγκατασταθεί στο Μπουένος Άιρες, όπου έζησε για δέκα χρόνια με ψεύτικο όνομα. Στις 11 Μαΐου 1960, συνελήφθη και απήχθη από την ισραηλινή μυστική υπηρεσία Μοσάντ. Δικάστηκε στην Ιερουσαλήμ, καταδικάστηκε σε θάνατο και απαγχονίστηκε την 1η Ιουνίου 1962. Η δίκη του, η οποία έλαβε μεγάλη προσοχή από τα μέσα ενημέρωσης, έδωσε αφορμή για πολλές συζητήσεις σχετικά με την ευθύνη των ναζιστών αξιωματούχων και των Εβραίων για το Ολοκαύτωμα. Στο βιβλίο της "Ο Άιχμαν στην Ιερουσαλήμ" (1963), η Γερμανοεβραία φιλόσοφος Χάνα Άρεντ ανέπτυξε την έννοια της "κοινοτοπίας του κακού" γύρω από τη μορφή του Άιχμαν.

## ΚΛΑΟΥΣ ΜΠΑΡΜΠΙ, "Ο ΧΑΣΑΠΗΣ ΤΗΣ ΛΥΩΝ

Ο Klaus Barbie γεννήθηκε στις 25 Οκτωβρίου 1913 στη Γερμανία, κοντά στη Βόννη. Μέλος του τμήματος πληροφοριών των SS το 1935, εντάχθηκε στο ναζιστικό κόμμα το 1937. Ηγήθηκε πολλών επιδρομών, ιδίως στις Κάτω Χώρες, στο Άμστερνταμ. Υπό το καθεστώς του Βισύ, κατά τη διάρκεια της γερμανικής κατοχής στη Γαλλία, διορίστηκε επικεφαλής της Γκεστάπο στη Λυών. Συνέχισε να οργανώνει μαζικές εκτοπίσεις, ιδίως τη συγκέντρωση 44 παιδιών που ήταν κρυμμένα σε ένα σχολείο στο Izieu, μέχρι το 1944. Έβαλε επίσης να συλλάβουν και να βασανίσουν πολλούς αντιστασιακούς, μεταξύ των οποίων και τον Jean Moulin, στις 21 Ιουνίου 1943 στο Caluire, προάστιο της Λυών. Ο απολογισμός των ενεργειών του στην περιοχή της Λυών ήταν εξαιρετικά υψηλός: περισσότερες από 10.000 συλλήψεις, 1.046 πυροβολισμοί και 6.000 νεκροί ή αγνοούμενοι.

Μετά την ήττα των Γερμανών το 1945, ο Μπάρμπι διέφυγε δύο φορές από τη δίκη του διαφεύγοντας στη Λατινική

Αμερική, όπου πήρε τη βολιβιανή υπηκοότητα με το ψευδώνυμο Κλάους Άλτμαν. Διώχθηκε για εγκλήματα κατά της ανθρωπότητας και τελικά απελάθηκε στη Γαλλία το 1983. Δικάστηκε από το Ακυρωτικό Δικαστήριο της Λυών, κρίθηκε ένοχος για 17 κατηγορίες και καταδικάστηκε στις 4 Ιουλίου 1987 σε ισόβια κάθειρξη. Πέθανε στις 25 Σεπτεμβρίου 1991 στο Fort Monluc όπου εξέτιε την ποινή του.

# Ο ΝΑΖΙΣΜΟΣ ΣΗΜΕΡΑ

## ΚΡΙΣΗ ΚΑΙ ΤΙΜΩΡΙΑ

### Η συμφωνία του Λονδίνου και η δίκη της Νυρεμβέργης

Στο τέλος του Β' Παγκοσμίου Πολέμου, το 1945, το ναζιστικό καθεστώς και όλες οι ιδεολογίες που βασίζονταν σε αυτό κηρύχθηκαν παράνομες με μια συμφωνία μεταξύ των συμμαχικών κυβερνήσεων. Οι συνθήκες μεταξύ των ΗΠΑ, της Βρετανίας, της ΕΣΣΔ και της Γαλλίας προβλέπουν επίσης τη δίκη και την τιμωρία των εγκληματιών του ναζιστικού καθεστώτος για τη θηριωδία των εγκλημάτων τους.

 ## Ο ΧΑΡΤΗΣ ΤΟΥ ΛΟΝΔΙΝΟΥ

Στο τέλος του Β' Παγκοσμίου Πολέμου, οι Ηνωμένες Πολιτείες, το Ηνωμένο Βασίλειο, η ΕΣΣΔ και η Γαλλία συναντήθηκαν για να αποφασίσουν την τιμωρία των Ναζί. Στις 8 Αυγούστου 1945, υπέγραψαν τη Συμφωνία του Λονδίνου, με την οποία ιδρύθηκε Διεθνές Στρατιωτικό Δικαστήριο για τη δίκη εγκληματιών πολέμου. Οι λειτουργίες του δικαστηρίου αυτού καθορίζονται σε ένα έγγραφο που επισυνάπτεται στη συμφωνία: τον Χάρτη του Λονδίνου ή Καταστατικό του Διεθνούς Στρατιωτικού Δικαστηρίου.

Οι δίκες της Νυρεμβέργης διεξήχθησαν από τις 20 Νοεμβρίου 1945 έως την 1η Οκτωβρίου 1946. Οι κύριοι ηγέτες του Τρίτου

Ράιχ κατηγορήθηκαν για συνωμοσία, εγκλήματα κατά της ειρήνης, εγκλήματα πολέμου και εγκλήματα κατά της ανθρωπότητας. Μεταξύ των κατηγορουμένων ήταν ο Ρούντολφ Χες (1894-1987), ο διορισμένος διάδοχος του Χίτλερ, και ο Βίλχελμ Κάιτελ (1882-1946), επικεφαλής της Ανώτατης Διοίκησης της *Βέρμαχτ*. Στο τέλος αυτής της θεαματικής δίκης, 12 κατηγορούμενοι καταδικάστηκαν σε θάνατο, μεταξύ των οποίων και ο Hermann Göring (1893-1946), αρχιστράτηγος της *Luftwaffe*, ο οποίος κρεμάστηκε στο κελί του πριν από την εκτέλεση της ποινής. Επτά καταδικασθέντες τέθηκαν υπό κράτηση και τρεις κατηγορούμενοι αθωώθηκαν.

Οι τέσσερις κύριες ναζιστικές οργανώσεις κρίνονται επίσης ένοχες: το NSDAP, τα SS, η SD και η Γκεστάπο. Δεν χρειάζεται να έχετε διαπράξει εσείς εγκλήματα: το γεγονός και μόνο ότι υπήρξατε μέλος αυτών των οργανώσεων αποτελεί ήδη από μόνο του σφάλμα.

Η δίκη αυτή είχε πολλές επιπτώσεις μέχρι σήμερα. Πράγματι, η έννοια της παραγραφής, η οποία τόσο πολύ τρόμαξε όλες τις οικογένειες των θυμάτων, παρακάμφθηκε με την καθολική ψήφιση ενός νόμου για το αμετάκλητο των εγκλημάτων κατά της ανθρωπότητας (στις 26 Δεκεμβρίου 1964 στη Γαλλία). Αυτό επέτρεψε την καθυστερημένη σύλληψη εγκληματιών όπως ο Κλάους Μπάρμπι ή ο Μορίς Παπόν (Γάλλος πολιτικός, κατηγορούμενος για συνέργεια σε εγκλήματα κατά της ανθρωπότητας, 1910-2007).

Δυστυχώς, πολλοί ναζιστές εγκληματίες κατάφεραν να κρυφτούν ή να διαφύγουν και, ως εκ τούτου, δεν συνελήφθησαν ούτε δικάστηκαν. Ορισμένοι μπόρεσαν να ζήσουν ευτυχισμένοι χωρίς τον κίνδυνο δίκης, ενώ άλλοι μπόρεσαν να παραμείνουν ήσυχοι στις χώρες τους και να ζήσουν μια φυσιολογική ζωή- για παράδειγμα, ορισμένοι πρώην ναζιστές εγκληματίες συνέχισαν τη σταδιοδρομία τους ως δικηγόροι ή γιατροί πολύ μετά τον πόλεμο.

## Η έννοια του εγκλήματος κατά της ανθρωπότητας

Η δίκη της Νυρεμβέργης είναι σημαντική για τον πρωτοποριακό της ρόλο στη διεθνή δικαιοσύνη. Εισήγαγε, για πρώτη φορά, την κατηγορία του "εγκλήματος κατά της ανθρωπότητας". Σύμφωνα με το άρθρο 6γ του Χάρτη του Λονδίνου, το έγκλημα κατά της ανθρωπότητας ορίζεται ως "η σκόπιμη και ατιμωτική παραβίαση των θεμελιωδών δικαιωμάτων ενός ατόμου ή μιας ομάδας ατόμων που εμπνέεται από πολιτικά, φιλοσοφικά, φυλετικά ή θρησκευτικά κίνητρα" και είναι συναφές με τον όρο γενοκτονία, ο οποίος δημιουργήθηκε το 1945 από τα Ηνωμένα Έθνη για να χαρακτηρίσει τις πράξεις που διαπράττονται με σκοπό την καταστροφή ολόκληρης ή μέρους μιας εθνοτικής, φυλετικής ή θρησκευτικής ομάδας. Αυτή η έννοια θα χρησιμοποιούνταν αργότερα τον 20ο ΑΙΩΝΑ σε άλλες δοκιμές.

## ΝΑΖΙΣΜΟΣ Η ΧΙΤΛΕΡΙΣΜΟΣ;

Ένα ερώτημα τίθεται συχνά όταν συζητάμε για την προσωπικότητα του Αδόλφου Χίτλερ: Ήταν η ναζιστική ιδεολογία η κινητήρια δύναμη πίσω από τον τρόπο σκέψης του *Φύρερ* ή ο άνθρωπος διαμόρφωσε την εποχή του; Πιο απλά, ο Χίτλερ άνοιξε ένα κενό στο υπάρχον πολιτικό σύστημα ή ακολούθησε μια τάση που ήταν ήδη στον αέρα; Θα υπήρχε ο ναζισμός χωρίς τον Χίτλερ; Με ποια μορφή;

Πολλοί θεωρητικοί εξακολουθούν να θέτουν το ερώτημα, το οποίο τέθηκε ήδη από τους ψυχιάτρους που κλήθηκαν στη δίκη της Νυρεμβέργης. Ήδη από το 1953, ο Άλαν Μπούλοκ (Βρετανός ιστορικός, 1914-2004) εξηγούσε την τρέλα του Χίτλερ με απλό κοινωνικό καιροσκοπισμό που τροφοδοτούσε ο χονδροειδής δαρβινισμός. Κατά τη διάρκεια της δεκαετίας του 1990, δεν ήταν λιγότερες από 12 βιογραφίες του *Φύρερ*, με διάφορες υποθέσεις: επιθυμία για προσωπική θεοποίηση, αυτοκαταστροφική αναρχία κ.ά. Άλλοι έγραψαν ότι η γοητεία του Φύρερ ήταν αποτέλεσμα των πράξεων του ίδιου του Φύρερ. Άλλοι έχουν γράψει ότι η γοητεία που ασκούσε η φιγούρα αντικατοπτριζόταν λιγότερο στην προσωπικότητά του παρά στον τρόπο με τον οποίο τον κοίταζαν εκατομμύρια λάτρεις, δίνοντάς του πλήρη νομιμοποίηση.

Θα ήταν επικίνδυνο να προσπαθήσουμε να απαντήσουμε κατηγορηματικά σε αυτά τα ερωτήματα. Ωστόσο, μπορεί να ειπωθεί ότι η γοητεία του λαμπρού ρήτορα αποτέλεσε σημαντικό παράγοντα στη διαμόρφωση του δράματος του ναζισμού στη Γερμανία. Η χαρισματική του προσωπικότητα, η ικανότητά του για συνεχή αυτοπολιτικοποίηση, η επιθυμία του για παντοδυναμία και οι καταστροφικές φιλοδοξίες του κατέστησαν τη ναζιστική ιδεολογία και το κόμμα του όργανα των αποτρόπαιων εγκλημάτων που διαπράχθηκαν υπό την κηδεμονία του.

## ΜΙΑ ΣΥΝΕΧΗΣ ΓΟΗΤΕΙΑ

Παρά την αναγνώριση του ναζισμού ως παράνομου πολιτικού κινήματος από τον ΟΗΕ, ο αντισημιτισμός και το φυλετικό μίσος που υποστήριζε δεν έχουν εξαφανιστεί. Ακόμη και σήμερα, πολλές ομάδες που χαρακτηρίζονται ως νεοναζί συνεχίζουν να σχηματίζονται στη Γαλλία, τη Γερμανία και αλλού στον κόσμο. Υιοθετούν τις παλιές πολιτικές ιδέες του Αδόλφου Χίτλερ, ιδίως τα ρατσιστικά του ιδεώδη κατά των αλλοδαπών. Ορισμένες από αυτές τις ομάδες υποστηρίζουν τη βία, άλλες όχι. Ορισμένοι αρνούνται την ύπαρξη των ναζιστικών στρατοπέδων (γνωστή ως άρνηση του Ολοκαυτώματος), άλλοι αναγνωρίζουν την εγκληματική τους φύση και υποστηρίζουν την επιστροφή στον εθνικοσοσιαλισμό χωρίς τα στρατόπεδα συγκέντρωσης.

Η εξάλειψη των αποδεικτικών στοιχείων για τις φρικαλεότητες που διέπραξαν οι ναζιστές εγκληματίες είναι ένα κρίσιμο σημείο στην άποψη που έχει σήμερα η ανθρωπότητα γι' αυτούς- είναι αυτό που επιτρέπει την ύπαρξη της άρνησης του Ολοκαυτώματος, η οποία έχει συζητηθεί πολλές φορές τις τελευταίες δεκαετίες. Ήδη από το 1943, ολόκληρα στρατόπεδα ισοπεδώθηκαν από τα ίδια τα μέλη του κόμματος και χρειάστηκαν εκτεταμένες αρχαιολογικές ανασκαφές για να βρεθούν ίχνη ορισμένων υποδομών. Αυτή είναι κυρίως η περίπτωση του στρατοπέδου της Τρεμπλίνκα, του οποίου οι θάλαμοι αερίων καταστράφηκαν και οι μαζικοί τάφοι ήταν τόσο γεμάτοι, ώστε οι Ναζί ανέθεσαν σε κρατούμενους να τους ανοίξουν ξανά και να αποτεφρώσουν πλήρως τα πτώματα που ξεχείλιζαν. Τελικά, υπάρχουν πολύ λίγες συγκεκριμένες αποδείξεις για αυτή τη γενοκτονία. Οι αποδείξεις αυτές είναι κυρίως προφορικές, προερχόμενες από μαρτυρίες εκτοπισμένων ή πρώην ναζιστών στρατιωτών. Είναι λοιπόν εύκολο για τις σημερινές νεοναζιστικές ομάδες να αρνηθούν τη γενοκτονία των Εβραίων, λόγω έλλειψης "επαρκών" αποδείξεων.

Ορισμένες από αυτές τις ομάδες είναι έντονα πολιτικοποιημένες, σε αντίθεση με τις σημερινές δημοκρατίες, ενώ άλλες είναι περισσότερο σύμφωνες με μια γενική εξέγερση κατά της σημερινής κοινωνίας, με την επιθυμία να αλλάξουν τον κόσμο στο σύνολό του, όχι μόνο από πολιτική άποψη.

Αν τα παλιά ναζιστικά ιδεώδη επιμένουν σήμερα, είναι επίσης επειδή πρόκειται για μια συναρπαστική, ακόμη και εμμονική ιδεολογία. Πολλοί άνθρωποι συλλέγουν αντικείμενα από μια περασμένη και παραβατική περίοδο. Πρόκειται για το σπάσιμο του φράγματος του απόλυτου ταμπού, σε μια κοινωνία που τείνει να γενικεύει τη δημοκρατία και να ενσταλάζει το καθήκον της μνήμης στις επόμενες γενιές. Το πιο ορατό σημάδι αυτής της γοητείας είναι η εξαιρετική πυκνότητα της λογοτεχνίας και του κινηματογράφου, με πληθώρα έργων αφιερωμένων στο θέμα αυτό.

Δεν θα προχωρήσουμε εδώ σε μια εις βάθος ανάλυση αυτών των τάσεων, οι οποίες θα έπρεπε να είναι ψυχολογικές, κοινωνικές και πολιτικές, και επομένως πολύ περίπλοκες για να κατανοηθούν πλήρως. Αυτό θα ισοδυναμούσε με μια ανάλυση του τι μπορεί να οδηγήσει τα ανθρώπινα όντα να θέλουν να προσεγγίσουν την ακραία βία, την καταστροφή του άλλου, την άρνηση του ανθρώπινου όντος.

# ΣΥΝΟΠΤΙΚΑ

- Ο ναζισμός ή εθνικοσοσιαλισμός είναι μια ιδεολογία που συνδυάζει πολιτικές, φιλοσοφικές και κοινωνικές πτυχές και βασίζεται κυρίως σε ακροδεξιά υπερεθνικιστικά αισθήματα.

- Το ναζιστικό δόγμα ήταν ριζοσπαστικό: υποστήριζε την υπεροχή της άριας φυλής, που περιγράφεται ως "καθαρή φυλή", έναντι του υπόλοιπου πληθυσμού. Στόχευε στην εξάλειψη στοιχείων που θα μπορούσαν να την "εκφυλίσουν": Εβραίοι, Τσιγγάνοι, ανάπηροι, ομοφυλόφιλοι, μη γερμανικές εθνικές ομάδες γενικά. Η ιδέα της κάθαρσης του γερμανικού πληθυσμού και της προσφοράς ενός "ζωτικού χώρου" ήταν ο ακρογωνιαίος λίθος αυτής της σαφώς ρατσιστικής ιδεολογίας.

- Ο ναζισμός είναι ένα πολιτικό κίνημα που προέκυψε μετά την ήττα της Γερμανίας το 1918, σε ένα πλαίσιο ταπείνωσης που ενισχύθηκε από την κατοχή των συμμαχικών στρατευμάτων. Το κόμμα DAP (μετέπειτα NSDAP το 1921) ιδρύθηκε το 1919 και ήταν το κατ' εξοχήν κόμμα του ναζιστικού κινήματος. Αυτή η άνοδος της ακροδεξιάς κατά την περίοδο του μεσοπολέμου δεν ήταν μοναδική στη Γερμανία: ήταν επίσης παρούσα στην Ιταλία, με τον φασισμό του Μουσολίνι, που γεννήθηκε ως αντίδραση στον αποτυχημένο καπιταλισμό των φιλελεύθερων δημοκρατιών.

- Ο ναζισμός ήταν μια ισχυρή ιδεολογία που επικράτησε γρήγορα σε ένα πλαίσιο σοβαρής οικονομικής και κοινωνικής κρίσης. Υποσχόμενη ανανέωση και ριζική αλλαγή, έδωσε ελπίδα στους ανθρώπους που είχαν χάσει την εμπιστοσύνη τους στις προηγούμενες κυβερνήσεις τους. Η επιτυχία του ναζισμού εξασφαλίστηκε από το χάρισμα των ηγετών του, λαμπρών ρητόρων ικανών να σαγηνεύουν τα πλήθη και να τα συσπειρώνουν στον πολιτικό τους λόγο. Ο Αδόλφος Χίτλερ είναι ένα χαρακτηριστικό παράδειγμα.

- Αφού έγινε καγκελάριος του Ράιχ τον Ιανουάριο του 1933 και αυτοανακηρύχθηκε *Φύρερ στην* ηγεσία της Γερμανίας λίγους μήνες αργότερα, ο Χίτλερ εφάρμοσε το όραμα του ναζισμού που είχε περιγράψει στο βιβλίο του *"Ο αγώνας μου" (Mein Kampf)*, το οποίο έγραψε ενώ βρισκόταν στη φυλακή το 1923-1924. Χρησιμοποίησε την προπαγάνδα πάνω απ' όλα για να στρατολογήσει έναν λαό, τον οποίο στερούσε από εναλλακτικές λύσεις: το ναζιστικό κόμμα ήταν το μόνο επιτρεπτό στη Γερμανία και κάθε αντίπαλος του δόγματος απειλούνταν με εγκλεισμό σε στρατόπεδο συγκέντρωσης.

- Ο ναζισμός οδήγησε στον Δεύτερο Παγκόσμιο Πόλεμο. Στο τέλος της σύγκρουσης, άφησε πίσω της ένα βαρύ τίμημα: περίπου έξι εκατομμύρια νεκροί, μεταξύ των οποίων 75.000 Γάλλοι, σε στρατόπεδα συγκέντρωσης και εξόντωσης, ιδίως λόγω της "τελικής λύσης" που εφαρμόστηκε το 1944.

- Ο ναζισμός κηρύχθηκε "παράνομος" το 1945. Η δίκη του ανέδειξε για πρώτη φορά τις έννοιες "γενοκτονία" και "έγκλημα κατά της ανθρωπότητας".

# ΓΙΑ ΝΑ ΠΡΟΧΩΡΗΣΕΤΕ ΠΕΡΑΙΤΕΡΩ


## ΒΙΒΛΙΟΓΡΑΦΙΚΕΣ ΠΗΓΕΣ

AYCARD (Mathilde) και VALLAUD (Pierre), *Hitler contre Berlin 1933-1945*, Παρίσι, Perrin, 2015.

AZIZ (Philippe), *Les médecins de la mort*, τόμοι 1 έως 4, Γενεύη, Famot, 1974.

AZIZ (Philippe) (επιμ.), *Le trésor nazi. Ποιος το επινόησε; Ποιον ωφελεί;* Παρίσι, Historama, ειδικό τεύχος αριθ. 31, 1978.

HALTER (Marek), *Les révoltés de la Shoah. Συλλογή μαρτυριών και ιστοριών*, Παρίσι, Omnibus, 2010.

HITLER (Adolf), *Mein Kampf. Mon Combat*, Παρίσι, Nouvelles Éditions Latines, 1979.

LEVISSE TOUZÉ (Christine), *Paris libéré, Paris retrouvé*, Παρίσι, Gallimard, 1994.

MOURRE (Michel), *Le Petit Mourre. Dictionnaire d'histoire universelle*, Παρίσι, Bordas, 2004.

WITTMAN (Robert) και KINNEY (David), Το *ημερολόγιο του διαβόλου. Τα μυστικά του Alfred Rosenberg, του εγκεφάλου του Χίτλερ*, Παρίσι, Éditions de Noyelles, 2016.

## ΠΡΟΣΘΕΤΕΣ ΠΗΓΕΣ

ARENDT (Hannah), *Eichmann in Jerusalem*, 2[e] ed, Paris, Gallimard-coll. "Folio Histoire", 1997.

BURRIN (Philippe), *Fascism, Nazism, Authoritarianism*, Paris, Seuil, 2000.

CHAPOUTOT (Johann), *La loi du sang. Penser et agir en nazi*, Παρίσι, Gallimard, 2014.

GUÉNO (Jean-Pierre), *Paroles d'étoiles. Mémoire d'enfants cachés 1939-1945*, Παρίσι, Radio France, 2002.

KERSHAW (Ian), Τι είναι ο ναζισμός; *Problèmes et perspectives d'interprétation*, Παρίσι, Gallimard, 1992.

KERSHAW (Ian), *German Opinion under Nazism: Bavaria 1933-1945*, Paris, CNRS Éditions, 1995.

OVERY (Richard) et al, *Atlas historique du III<sup>e</sup> Reich. 1933-1945: La société allemande et l'Europe face au système nazi*, Παρίσι, Autrement, 1999.

POBLETE (Μαρία), *Lucie Aubrac: "Non au nazisme"*, Arles, Actes Sud, 2008.

## ΤΑΙΝΙΕΣ ΚΑΙ ΝΤΟΚΙΜΑΝΤΕΡ

*Μέχρι τέλους. Η καταστροφή των Εβραίων της Ευρώπης*, ταινία οκτώ επεισοδίων σε σκηνοθεσία William Karel και Blanche Finger, Γαλλία, 2015.

*The Wave*, ταινία του Dennis Gansel, με τον Jürgen Vogel, Γερμανία, 2009.

*The Fall*, ταινία του Olivier Hirschbiegel, με τους Bruno Ganz, Alexandra Maria Lara, Γερμανία, 2005.

*Χίτλερ. Η Γέννηση του Κακού*, ταινία του Christian Duguay, με τους Robert Carlyle, Stockhard Channing, Jena Malone, Καναδάς-ΗΠΑ, 2003.

*Shoah*, ταινία του Claude Lansmann, Γαλλία, 1985.

## ΕΙΚΟΝΟΓΡΑΦΙΚΕΣ ΠΗΓΕΣ

Ο Χίτλερ, καγκελάριος της Δημοκρατίας της Βαϊμάρης, απευθύνεται στο *Ράιχσταγκ*, τη νομοθετική συνέλευση της Γερμανίας, στις 23 Μαρτίου 1933. Κατά τη διάρκεια αυτής της συνόδου, ψήφισε την Ενεργοποιητική Πράξη ή Πράξη Πλήρων Εξουσιών, με την οποία μπορούσε στο εξής να εκδίδει νομοθεσία χωρίς την έγκριση του *Ράιχσταγκ*. Η φωτογραφία που αναπαράγεται εδώ θεωρείται ελεύθερη πνευματικών δικαιωμάτων.

Αφίσα προπαγάνδας κατά του Χριστιανισμού. Η αναπαραγόμενη φωτογραφία θεωρείται ελεύθερη δικαιωμάτων.

Συνέδριο της Νυρεμβέργης, 1934. Η φωτογραφία που αναπαράγεται θεωρείται ότι δεν έχει δικαιώματα.

Μέλη της *Bund Deutscher Mädel* κάνουν γυμναστική, 1941. Η φωτογραφία που αναπαράγεται θεωρείται ότι δεν έχει δικαιώματα.

Ναζιστική προπαγανδιστική αφίσα, 1938: "Το NSDAP φροντίζει τη λαϊκή κοινότητα. Σύντροφοι, αν χρειάζεστε συμβουλές ή βοήθεια, απευθυνθείτε στο τοπικό παράρτημα του κόμματος". Η αναπαραγόμενη φωτογραφία θεωρείται ότι δεν υπόκειται σε πνευματικά δικαιώματα.

Τα κρεματόρια στο στρατόπεδο συγκέντρωσης του Μπούχενβαλντ, 1945. Η φωτογραφία που αναπαράγεται θεωρείται ότι δεν έχει δικαιώματα.

Ο Μπενίτο Μουσολίνι κατά τη διάρκεια της πορείας προς τη Ρώμη, Οκτώβριος 1922. Η φωτογραφία που αναπαράγεται θεωρείται ελεύθερη δικαιωμάτων.

Παρέλαση των στρατευμάτων SA μπροστά στον Χίτλερ το 1935. Η φωτογραφία που αναπαράγεται θεωρείται ελεύθερη δικαιωμάτων.

Γερμανική πινακίδα που λέει: "Οι Εβραίοι δεν σερβίρονται εδώ". Εβραϊκό Μουσείο στο Βερολίνο. Η αναπαραγόμενη φωτογραφία θεωρείται ελεύθερη δικαιωμάτων.

Άνδρας που φοράει εβραϊκό αστέρι. Γερμανία, 1941. Η φωτογραφία που αναπαράγεται θεωρείται ελεύθερη πνευματικών δικαιωμάτων.

Νεαρό μέλος της εθνικοσοσιαλιστικής νεολαίας της Δανίας, Κοπεγχάγη, Ιούνιος 1941. Η αναπαραγόμενη φωτογραφία θεωρείται ότι δεν υπόκειται σε πνευματικά δικαιώματα.

Anton Drexler. Η αναπαραγόμενη φωτογραφία θεωρείται ελεύθερη δικαιωμάτων.

Ο Χίτλερ το 1927, του φωτογράφου Heinrich Hoffmann, Deutsches Bundesarchiv. Η φωτογραφία που αναπαράγεται θεωρείται ότι δεν υπόκειται σε πνευματικά δικαιώματα.

Heinrich Himmler το 1938. Η αναπαραγόμενη φωτογραφία θεωρείται ότι δεν υπόκειται σε πνευματικά δικαιώματα.

Γιόζεφ Γκέμπελς. Η αναπαραγόμενη φωτογραφία θεωρείται ελεύθερη δικαιωμάτων.

Adolf Eichmann το 1942. Η αναπαραγόμενη φωτογραφία θεωρείται ότι δεν υπόκειται σε πνευματικά δικαιώματα.

Hermann Göring κατά τη διάρκεια της δίκης της Νυρεμβέργης. Η φωτογραφία που αναπαράγεται θεωρείται ότι δεν έχει δικαιώματα.

MASLOW'S HIERARCHY OF NEEDS
Gain vital insights into how to motivate people
Personal accomplishment
Esteem
Belonging
Security
Physiologic
THE SWOT ANALYSIS
Strengths
Weaknesses
SWOT
Opportunities
Threats

Ο εκδότης διασφαλίζει την αξιοπιστία των πληροφοριών που δημοσιεύονται, η οποία όμως δεν μπορεί να αποτελέσει ευθύνη του.

Κύριο ISBN: 9782808664479
ISBN: 9782808671897
Νόμιμη κατάθεση: D/2023/12603/511

Ψηφιακός σχεδιασμός: Primento,
ο ψηφιακός συνεργάτης των εκδοτών.